お金の神様が
こっそり教えてくれた

お金の教科書

石村一成

かざひの文庫

はじめに　人は誰もがお金に愛される素質を持っている

「子どもに財産は残さん。財産をつくりたかったら、自分でつくれ」

これが石村家の教えでした。父は祖父から、わたしは父から、ある程度の年齢になると、こう告げられて育ってきたのです。

ですから「自分の力で稼げるようになりたい」と、高校時代にはアルバイトを掛け持ちし、卒業後はアメリカに渡り、大学に通いながら現地でも仕事を開始。

そこで数々のスケールの大きな富豪たちに出会い、人生観が変わりました。

帰国後は自分で事業を立ち上げ、不動産業やコンサル業、投資をはじめ、さまざまな事業に着手。そのなかで、たくさんの失敗、挫折を経験してきました。

本書では、わたしが、富豪たちや、祖父、父から数十年かけて学んできた「お金の哲学」を大公開します。

ただ、最初におことわりしておくと、「いますぐ簡単に稼ぐ方法」や「自分だけがお金持ちになる方法」については、ひと言も解説していません。

なぜなら、数々の大富豪が大切にしているお金の教えは、「人を大切にすること」「感謝の気持ち」といった、人としてのあり方を重んじているからです。これは、わたしが祖父や父から受け継いだお金の教えにも通じるところがあります。

お金は、あなたやあなたの大切な人々をしあわせにするためのパートナーです。

さぁ、これから、お金の神様に愛される秘密をあますことなくお伝えしていきます。ぜひ楽しみながら読み進め、あなたの人生を変えましょう！

２０２０年11月　石村一成

お金の神様がこっそり教えてくれた お金の教科書　目次

Chapter 1

お金に好かれる人の考え方、嫌われる人の考え方

Chapter 2

お金に恵まれる人だけが知っている「お金の性格」

Chapter 3

お金持ちになる人がしている「お金の使い方」

Chapter 4

本物のお金持ちがこっそり実践する「お金の増やし方」

金
10000

Chapter 5

世界の富豪たちがやっている「黄金の習慣」

Chapter 1

お金に好かれる人の考え方、嫌われる人の考え方

1

お金は人をしあわせにするためにある

「お金はなんのためにあるんですか?」

わたしのもとには、こんな質問をする人がよく訪れます。

お金はなんのためにあるのだと思いますか?

答えをひと言で言えば、人々をしあわせにするためです。

文化や宗教が違っても、どの国にも貨幣制度があるのはそのためではないでしょうか。

「自分のお金は自分のもの。好きに使います」

と言う人が多いかもしれません。

でも、空気と同じように、全人類共通の財産と考えたらどうでしょう？

お金の使い方が変わってくると思いませんか？

「自分のお金は誰にも渡さないぞ」という考え方は、一見お金を増やすように思えますが、この自己中心的な考え方が、じつは金欠病を生んでしまうのです。

「みんなのしあわせのため、誰かのために使おう」

そんな考え方でお金を扱ってみませんか？

そう考えるだけで、しあわせで豊かな気分になってくるはずですよ。

お金は
しあわせに
なるための
手段なんだ

2

お金に好かれる人は、お金に感謝の気持ちを持っている人

お金は、世界中どこにでも存在します。文化や生活習慣が違っていても、誰もがお金を使っています。しかも、時代を問わずにあり続けているのです。

「なぜお金が必要だと思いますか？」

こう聞くと、たいていの人は

「生活するためです」

と答えます。

生活で必要なければ、お金というものは存在しなかったかもしれません。

では、空気はどうでしょうか？

もし空気がなくなったら、おそらくここにいる人たちは5分と生きていられな

いでしょう。こう考えてみると、空気のありがたさがわかりますね。

スキューバダイビングをしている人が、酸素不足で「もう死ぬ！」と思ったとき、浮上して空気を吸った瞬間に、ものすごくしあわせを感じると言います。

ところが、わたしたちのほとんどが、空気があることをあたりまえだと思っています。あたりまえではないことと思えた人だけが、空気を大切にできるのです。

お金も同じ。「お金があるのがあたりまえ」と思っている人は、お金を大切にしません。「お金があることはありがたい」と思っている人だけが、お金を大事に扱えるのです。

何事にも感謝できる人には、人だけではなくお金も寄ってきます。

いまの環境に、たくさん感謝しましょう。

◎「ありがたいのう」
×「あたりまえのことじゃ」

3

痛い思いから学べる人は、お金から愛される

人は、風邪を引いたりケガをしたりすると「どうしたら健康になるだろう？」と考えます。**健康と経済、人間関係はすべて因果関係**です。

瀕死の重傷を負った人ほど、健康に対する価値観が大きく変わります。

痛い目にあったときほど、

「これからは気をつけなければ！」

と心新たにしませんか？

そして大人になるにつれ、

「健康というのは自然にやってくるものではなく、守っていかなければいけないものだ」

とわかってきます。

お金も健康と似ているところがあります。

お金で悩む人の共通点は、金欠病であることです。

金欠病というのは、「使いたいときにない」と悩むことです。

お金も健康と同じように、失ったときに本当の価値がわかるもの。

あなた自身にも、痛い思い出がありませんか？　その経験からどう学んでいくかが大切なのです。

あなたはどんな学びを得てきましたか？

健康もお金も
大切に守って
いくんじゃよ
500
50
100
1
10
10000

4
お金に嫌われる人が「金欠病」になる原因

金欠病というのは、わかりやすく言えばガンと同じ、生活習慣病です。気づかないうちにどんどん進行していきます。

もしも、ステージ4に入っていたら、あなたならどうしますか？

きっと「取り返しがつかない！」と思うはずです。ところが、多くの人は、自分がどれほど深刻な金欠病になっているかなんてわかりません。

そんなときに、便利な質問があります。

あなたは、お金と相思相愛ですか？

そんなことは考えたこともないと言う人がほとんどかもしれませんね。

もしすぐに答えられないなら、それは「お金には、使うときだけそばにいてほしい」と思っているからです。

健康は、日頃の生活習慣があって、はじめて保てるものです。

家族や友人との関係も、丁寧に育まなければ壊れてしまいます。

それなのに、お金とだけは、上手な付き合いをしていない人が多いのではないでしょうか？　じつはこの思考回路が、金欠病を生んでいるのです。

お金と相思相愛になりたいなら、いつでもお金のことを想うこと。

使うとき以外にも大切にすること。

お金に愛され続ける人は、いつでもこのスタンスを持っています。

5

お金を都合のいいものだと思っていませんか？

お金は人と同じ——。そう考えてみてください。

1980年代、バブル期と呼ばれた日本が好景気にわいた時代がありました。この時代には、車で移動したいときに呼ぶ「アッシーくん」、ごはんを食べに行くときにだけ呼ぶ「メッシーくん」、なんでも買ってくれる「ミツグくん」と呼んで、都合のいい男性と付き合う女性たちがいました。

でも、こんなふうに男性を扱う自己中心的な女性が本当にしあわせになれるかと言ったら、ノーですよね。最後には、みんな離れていってしまいます。

自分の都合のいいときだけかかわる人間関係は、本物とは言えません。

お金もこれと同じです。

都合よく扱おうとする人のところからは、お金が逃げていきます。

もしも

「お金のめぐりがよくないなぁ」

と思うところがあるのなら、雑に扱っているところがないか、ぜひ見直してみましょう。

きっと何か思いあたることがあるはずです。

いつでも
大切じゃ
いつでも
お金に
気持ちを
向けよう

6 お金に愛される人は、何よりも誠実に仕事に取り組む

人と人とのつながりでしか、お金は生まれません。

この原点にある感謝を忘れると、人は天狗になり、孤独になってしまうのです。

５万円、10万円、１００万円…仕事の規模によって、金額は異なります。

でも、いくらであろうが、価値は同じです。

はじめて仕事をするとき、５万円もらえたらうれしいものですよね。

それが10万になったら、大喜びするのではないでしょうか。

それなのに、50万円、１００万円、１０００万円単位でお金を動かすようになると、感覚が変わってしまうのです。

「どうにかお願いします」と仕事を依頼されるということは、とてもありがたい

こと。ところが、いつのまにか金額の低い仕事は受けなくなってしまう…。

こうして天狗になると、人は離れていきます。


人脈は人生の土台であり、財産です。

仕事は結果を出すことも重要ですが、**「誠実に、感謝して、責任を持って取り組むこと」が何よりも大切**です。

「ここに仕事を任せたら安心だ」と思ってもらえる回数が増えれば増えるほど、仕事もお金も気持ちよくめぐるからです。


納期はきちんと守り、仕事は手を抜かずにベストを尽くす。

お客さまも自分も、かかわる人すべてが気持ちよくなれる、そんな仕事を目指しましょう。これが、お金に愛される人が実践する、仕事への向き合い方です。

7 人生もお金まわりも左右する「ジョーカー」にご注意を！

ジョーカーに出会うとお金を失う

人生には、いい出会いもあれば、そうでない出会いもあります。

トランプにたとえると、クイーンもキングもいれば、ダイヤもいます。そして、そのなかにかならずジョーカーも混ざっているのです。悲しいことですが、誰もが人生の一度や二度、このジョーカーに出会います。では、**ジョーカーが出てきたとき、どうしたらよいのでしょうか？　ひと言で言うと、退散**です。

ジョーカーの共通点は、礼節がなく、人に聞くばかりで自分のことを話さないということ。相手を探って、自分の味方になって言うとおりになるのか見極めます。そして自分が中心となり、自分だけが儲かる仕組みをつくります。

そのために、まず自分にとってのイエスマンを見つけるのです。

典型的なジョーカーは、質問をすると、自分を大きく見せるような答え方をします。「初対面ですが、あなたはどんな人ですか?」と聞いてみてください。

ジョーカーは通常、自分からは「こんな人です」と言いません。

このときのポイントは、あなたが先に自分への質問に答えることです。人の性質上、自分が聞きたい質問の答えを先に言うと、相手も答えやすくなるからです。

たとえば、「わたしは52歳なのですが、さしつかえなければ、○○さんはおいくつですか?」と聞くと、「○○歳です」と答えてくれます。

このとき、ジョーカーはあまり言いたがらないか、考えながら言います。ウソ偽りなく生きている人であれば、上手に言えなくても、正直に言えるものです。

ジョーカーはうぬぼれから生まれる

そもそも、人はなぜジョーカーになってしまうのでしょうか。

ジョーカーには2つのタイプがいます。

ひとつは、最初からそういう人間であるタイプ。もうひとつは、最初は普通の人だったのに、いつの間にかジョーカーになってしまうタイプです。

後者は、うぬぼれの気持ちが引き起こします。たとえば、「自分はお金を奥さんへすべて預け、愛情もかけているから大丈夫」と言いながら、まったく家にいないという男性。こういったことをしていると、奥さんの心は離れてしまいます。釣った魚に餌はやらず、「してあげている」といううぬぼれがあるから、残念な現実を引き起こすわけです。

うぬぼれがあると、ほかのジョーカーからも簡単にだまされてしまいます。

「相手を心から信用してお金を預けたらだまされた」というケースをよく聞きま

すが、これは、「お金が入り続けるから自分は大丈夫」といううぬぼれや油断が引き起こしていることです。

また、忘れてはならないのは、身内のエースがジョーカーになることもあるということ。じつは、これは珍しいことではないのです。

たとえば、あなたを信頼してとてもがんばってくれているエースがいたとします。でも、だんだん「この人がいてあたりまえ」「オレの言うことをなんでも聞くイエスマンだ」とうぬぼれていると、どこかでその人を手放すことになってしまいます。そんなとき、あなた自身がジョーカーになっているのです……。

ジョーカーは自分も含めて誰もがなってしまう可能性があるもの。

お金に嫌われるジョーカーにならないためにも、まずは自分のあり方を整えていきたいものですね。

8 お金に嫌われる人は、損得勘定が強い

会社の飲み会があるとき、会社から会費が出るときだけ参加するという人がいます。こういう人は、人からお金を借りても、貸すということはしないでしょう。損得勘定で考えているのです。

損得勘定で生きている人は、どんなに手に入れても満足しないのでしあわせを感じられません。だから一生ほしがるのです。

愛がある人は、言葉や行動に、誠実さ、優しさ、忍耐がすべて入っています。

仕事も同じです。

愛を持って仕事をしている人は、「与える」という気持ちを持っており、愛がない人は「もらう」ことばかりです。そういう人は、「お金を出す人はいい人で、

お金を出さない人はダメな人」とすべてをお金で決めてしまっています。

たとえば、会社を大きくしたいとき、いろいろな人の力が必要になってきます。そのときに、**会社の理念に賛同する人と、会社に結果だけをもたらす人がいた場合、前者を採用すべき**です。結果を出す人だけを重視すると、組織はかならず崩壊します。理念に賛同する人たちは、補い合ってチームとなれますが、結果だけをもたらす人は一匹オオカミの集まり。いつでも離れていくからです。

「あの人、仕事はできるけどね…」。そんな人が増えてきたら要注意です。

恋をしている人は、自分が会いたいときに会えないと、「なんで会えないの?」と言います。自分を抑えられないので、満たしてくれる人しか彼氏にしません。

恋愛には「愛」があります。我慢することや、自分を抑えることも覚えます。

何事も愛情が基本です。愛を持って物事にあたりましょう。

そうすれば、自然とお金もついてきます。

9

惜しみなく愛を注ぐ人は、人からもお金からも愛される

人は、愛に敏感です。これは本能に組み込まれているのだと思います。

愛に触れたとき、人の心が動くのです。

愛を形にあらわしたもののひとつが、お金です。誤解を恐れずに言えば、「**愛=お金**」です。こう考えると、「お金のことばかり話すのはいやらしい」といった考え方は、お金に対して失礼なことだと思えてきませんか?

食べ物があれば、自分より先に子どもに食べさせてあげたいという気持ちが自然にわいていきます。飢餓のとき、多くの親は子どもを生き残らせようとします。

これが愛の原点です。

子どもがしあわせになるためなら、親は「なんでもしよう」と思うはずです。

生まれた瞬間に、「将来、この子に面倒をみてもらおう」などとは思いません。

人は、愛にもとづいてお金を使っているのです。愛があるからお金も使う。

そのとき「お金を使ってやっている」という気持ちはないはずです。


一方、**お金に飢えている人＝愛に飢えている人**。

「愛情を受けていない」と感じている人が、愛をお金にすり変えて、さまざまな問題を引き起こしているのです。

日本はものにあふれていますが、それは愛情をたっぷり感じられていない人が多いから。愛情を感じられれば、愛情で返したくなります。

人は本来そんな生き物のはずなのです。


惜しみなく、愛を注ぎましょう。

そうすれば、人からもお金からも愛される自分になれますよ。

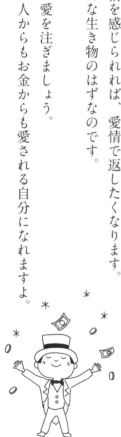

10 お金に愛され続ける人には、本物の仲間がいる

チャンスが訪れたら、ピンチもある。
どんな人にも山があれば、谷があり、そしてまた上がっていきます。
ずっと右肩上がりというのはありません。人生の波は、振り子のようです。

でも、ひとつだけ、振り子を右肩上がりにする鍵があります。
それは、仲間や家族の存在です。
仲間が多ければ多いほど、大波や下り坂を経験しなくてすむのです。
なぜなら、たくさんの味方の目があるからです。自分が盲目になっているとき
でも、「そっちに行ってはダメ！」と誰かが注意してくれるでしょう。

ときには耳の痛いことを言われることもあるかもしれません。

でも、あえて嫌われる覚悟で助言してくれる人の存在は、大切にすべきです。

人生の波に一喜一憂せずに、できることをコツコツと行いましょう。

そして、人はひとりでは見誤ることもある。このことを、心にとめ、仲間を大切に生きていきましょう。これが、お金に愛され続ける人たちが、日々意識していることです。

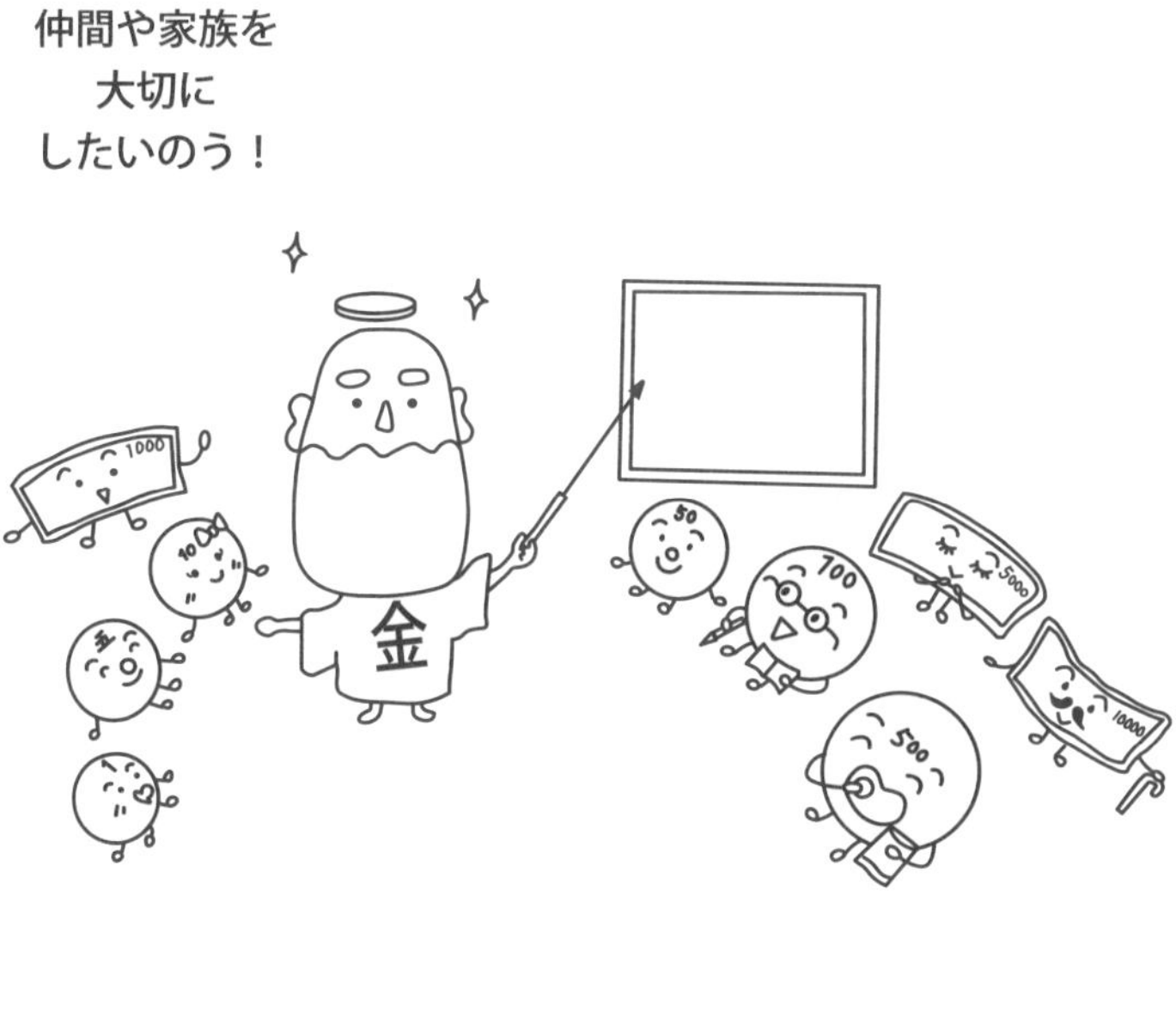

11

お金に愛される人の言葉、お金に嫌われる人の口グセ

「男運が悪いんです」「お金がないんです」と言う人がいますが、おすすめできません。なぜなら、「わたしはそんなダメな人間です」と宣言しているようなものだからです。

人はおもしろいもので、自分が言った言葉どおりの人間になろうとします。

いいことも、悪いこともです。

「わたしは明るい人です」と言っていると、明るい人になっていきますし、「わたしは我慢強いんです」と言っていれば我慢強くなろうとします。

「わたしは金運がいい！」と言っている人は、きっと金運がいいはずです。

お金に愛されたければ、まず言葉から変えていきましょう。

マイナスの口グセを封印して、プラスの言葉で満たしましょう。かならず、素晴らしい変化が訪れるはずです。

column

石村家の家訓
「子に財産を残さない」

わたしは、地元の熊本で不動産のオーナーをしています。マンションや一軒家、駐車場や土地を貸して、お金をいただいています。

そこで安定収入を得ているのです。

このルーツはわたしの祖父にあります。もともと石村家は、農業を家業としていましたが、祖父の代から兼業農家として不動産をはじめました。

「農業だけでは食べていけない」と祖父が考えていたためです。

「自分の代で世の中によいことをして稼いだ者でない限り、財産を大きくすることはできない」という祖父の教えは、いまも石村家に引き継がれています。

財産やお金は、受け継がれて手に入れるようなものではありません。

石村家では、子孫に残すものは、先祖代々のお墓だけ。じつにシンプルです。

Chapter 2

お金に恵まれる人だけが知っている「お金の性格」

12

お金は、自分を敬ってくれる人が好き

ものを大切に扱えば長持ちするように、人も大切にする——。
あなたは、この心がけを実践できていますか？
大切にするから、大切にされる——。世の中はこの法則で動いています。
あなたは、どんな人を大切にしたいと思いますか？

・あなたのことを認めてくれる人
・あなたを応援してくれる人
・あなたを信頼してくれる人
・あなたのことを気にかけてくれる人

というのが基本ではないでしょうか。
ただ、一方通行では、いい関係は築けません。
両想いになったときに、はじめていい関係になれるものです。
これは、人間関係だけではなく、ものもお金も同じことが言えます。

お金を信頼し、気にかけ、敬う。
日々、そんな意識でお金に接しましょう。
そうすれば、かならずお金もあなたのことを好きになってくれます。
お金は自分に向けられた想いに、とても敏感なのです。

お金と
両想いじゃ♡

13

お金は1円も1万円も同じくらい大切にしてくれる人を好む

その時々に合わせた服装やマナーがあるように、**お金にもＴＰＯがあります。**

よくあるたとえ話ですが、のどが乾いて1万円札の使えない自動販売機の前に立ったとき、1万円札の価値は失われてしまいます。

このときに一番価値があるのは、１００円玉や50円玉です。

こう考えると、「1万円札にだけ価値がある」という考え方は恐ろしいですよね。「1万円札が一番いい！」と言ってお財布が1万円札だけになったら、自動販売機も、バスも使えません。

1円玉も同じこと。なくなったら困るのです。

金額が高ければ偉いというわけではありません。

それぞれのお札、硬貨に、価値があり、役割があります。

もし、「金額によって差をつけてしまっているな…」と感じるなら、**すべてのお金を平等に大切に扱うところからはじめましょう。**

お金を一番いい形で活躍させることを習慣にしていると、お金たちは喜んで、あなたのもとに続々と集まってくるようになります。

14

お金は、扱う人次第で「いい人」にも「悪い人」にもなる

人に人格があるように、お金にも人格があります。

お金を人にたとえてみましょう。お金はよく悪役をさせられています。

「お金が好きな人は強欲な人だ」と言う人がいますが、これはお金に対してとても失礼なことです。マイナスな心持ちで接していると、次第にお金自身も悪い働きをするようになってしまいます。


本来、**お金に罪はありません**。

お金がどんな性格になっていくかは、扱う人次第。

寄付したり、誰かのために使えばとてもいいものになります。

でも、自分だけのために欲にまかせて使うと、悪いものになります。

あなたはお金が喜んでくれるような扱いをしていますか？

お金を信用して、認めて、一番いい形で使いましょう。

そうすれば、人と同じように、あなたのまわりにお金がどんどんやってくるはずです。

お金は友人。**いい接し方をしていれば、やがてはあなたにとって、大切な親友になってくれますよ。**

お金なんて〜
z z z
ダメじゃ

お金さん、
いつも
ありがとう
よきこと
じゃ♫

15

お金は、硬貨も大切にする人にチャンスをくれる

突然ですが、あなたは硬貨を大切にしていますか？

「1円玉、5円玉、10円玉には興味がない」

「なくなっても気にしない」

どこかでこんなふうに思うことはないでしょうか？

硬貨も大切なお金のメンバーです。

でも、1円玉のことを「価値がない」ととらえているとどうでしょうか。

「価値がない」という考え方が、1万円札にも伝染してしまうのです。

1円から1万円札まで、それぞれが人格を持ったひとりの人間であり、ファミリー

だと考えてみてください。1円玉は赤ちゃんです。赤ちゃんが育って、大人になると1万円札になります。

子どもを育てるように、1円玉を大切に育て上げていくという考え方でないと、1万円にはたどり着きません。

ちなみに、世の中で一番出回っているお金は1円玉です。

目の前の1円玉は、可能性のかたまりです。子どもを慈《いつく》しむような気持ちで向き合ってみましょう。おもしろいことが起こりはじめますよ。

16

お金は口コミをする

お金は口コミをします。**いまあなたの手元にあるお金がどこかへ行ったときに、以前の主人のことを暴露する**のです…。

たとえば、あなたがブラック企業に就職してしまったとします。

徹夜はあたりまえ。上司は怒鳴り散らす。お給料はいつ支払われるかわからない…。こんな会社だったら、思わず周囲に話したり、ひどいときには、転職情報サイトに、「とんでもない会社がある」と書き込みすることもあるでしょう。

お金ももし人間のことをそんなふうに見ているとしたら、どうですか？

こう考えてみると、お金への向き合い方が変わってくるはずです。

17
お金の流れは数珠つなぎでつながっている

お金は全部つながっていると考えてみてください。

そうすると、会社のお金、自分のお金に区別はなくなりますね。あなたが持っているお金は会社から、そして会社のお金は取引先やお客さまから来ています。

このようにずっとたどっていくと、いまあなたの手元にあるお金は、いつの日かあなたがスーパーで使ったお金かもしれません。

その仕入れ先から銀行に渡り、銀行から会社の資金となり、そこからあなたのお給料として支払われているかもしれません。

お金の流れは、すべて数珠つなぎ。**お金をどんどん循環させていきましょう。**

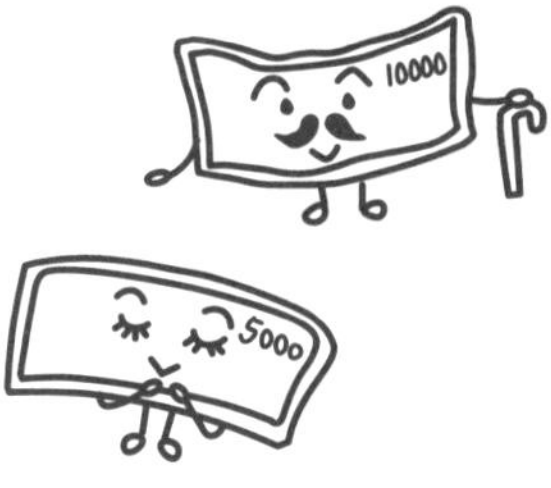

18

人の想いはお金にも伝染する

親が寄付している様子を子どもが見たら、きっと「それは何なの？」と聞いてくることでしょう。大人のこうした姿を小さい頃から見ているのと、そうでないのとでは、お金に対する価値観や考え方に大きな差がついていきます。

これは、お年玉やおこづかいをもらう姿勢にもつながるのです。

たくさんくれる人はいい人、少ない人はダメな人…と、金額ですべての価値を決める子もいると聞きますが、これはとても怖いことです。

金額もひとつの物差し。でも、それがすべての価値観になってしまったら、「お金さえもらえれば何でもいい」ということになってしまいます。

とくに、お年玉はそうではありませんよね。想いが大事なのです。

子は親のお金との向き合い方を、よく見ています。その姿をお手本にします。**人のためを想ったお金の使い方は、生活のさまざまな場面であらわれる**もの。この小さな心がけを各家庭が実践することが、国づくりにもつながります。

ですから、ひとりでも多くの大人たちが、1円、5円、10円をもっと大切に使って、できる範囲で寄付を習慣にしてほしいものです。

親ならなおさら、お金の大小で人の価値をはかってはいけないことを、教えておきたいですね。その想いが、お金にも伝染し、いい循環を生んでくれますよ。

**子どもの頃から
お金教育をすれば、
社会が
豊かになるぞ**

19

時間を大切にすると、お金も喜ぶ

時は金なりと言うように、「時間＝お金」です。

たとえば、料理を提供されても、食べる時間がまったくなかったら食事することはできません。

食事は、食べる時間があってはじめて成り立ちます。

お金を受け取る場合も同じです。

働く時間がゼロだとしたら、当然お金も生まれません。

時給で働く以外にも、特許などのアイデアや、本の印税など、時間をかけてお金を生み出すものもあります。

年間数億円を稼ぐアスリートも、一流になるまでにとてつもない時間をつぎ込

んでいます。お金も使っているでしょう。

こうして考えると、**お金も時間も同じくらい大切**です。

「時間がない」が口グセの人に、「お金がない」人が多いのも納得できませんか？

時間はお金では買えません。

そう考えると、どれだけ貴重なものかわかりますね。

お金だけでなく、時間も大切にしましょう。

どちらも大切にしたほうが、お金はさらに喜び、循環します。

**時間＝お金！
お金も時間も
大切にしよう**

column

祖父から受け継がれた「どこでも生きていける力」

祖父は、農業と不動産、父は農業と不動産とゴルフの先生。わたしは不動産に製造、講師、IT分野…。

不動産は親子三代で共通していますが、それ以外はそれぞれ別のことをしています。異なる分野で事業を広げる一族は、少し珍しいかもしれません。

遺産を相続しない代わりに、わたしたちは、どこでも自由に生き抜く力を身につけられたように思っています。これこそが、祖父の代から引き継がれた大きな財産です。

石村家が財産を受け継がない理由の根底には、自由への敬意があると思います。

「自由」は、人間にとって一番価値があるものです。

自由で多種多様な価値観を認めようと、一人ひとりの個性が発揮できる時代になってきているように思います。

祖父は自由に生きていましたが、その裏にはとてつもない努力がありました。

自由と努力はセット。その先に豊かさが待っていることもまた、わたしは教えてもらえたのです。

Chapter 3

お金持ちになる人がしている「お金の使い方」

20

お金の使い道に優先順位をつけない

よく、「お金はどこに使うのが一番いいのですか？」と質問されることがあります。
でも、そもそもお金の使い先に優先順位はありません。

食べる、寝る、遊ぶ…など、人間の生活はどれも大切ですよね。お金も同じ。
そもそも**優先順位をつけること自体、お金に失礼**なのです。
寄付やプレゼントなど、誰かのために使うことも、重要なお金の使い道です。
お金の立場から考えたら「全部、必要でしょ」ということになります。

使うお金にいちいち優先順位をつけるから、借金があるのに自分のものを買い続ける人を生み出してしまうのです。

じつは「これが一番で、こちらが二番……」とお金の使い道を、無意識に順位づけする分だけ金欠病になるという法則があります……。

お金を支払うということは、人を喜ばせることです。

これを基準にすると、借金返済も、自分のためのお金も、相手のためのお金も、すべて一番のはず。

お金の使い道はすべて平等。すべてが一番です。

お金を支払うことは
人を喜ばせることに
なるんじゃよ

21

お金はどんなときも気持ちよく払う

お金は、気持ちよく払うのが基本です。

たとえば、レストランなどで想像よりも高くついて、「わ、高いな」と思うことは誰にでもあると思います。

でも、わたしは父からそういった言葉を聞いたことがありません。

仕事の交渉事などは別ですが、外食や旅行、服などのプライベートでは、非常に気前のいい父親でした。

ですから、知らない人がレジやホテルの受付で文句を言ったり、支払いについて説明を求めているのを目にしたとき、とても驚いたものです。

こんな父のもとで育ったので、「お金は気持ちよく使うもの」というイメージがわたしのなかにできあがりました。いまでもお金を払うときには、独り言であったとしても「高いな…」などと言わないようにしています。


人は意外と、支払うときの態度を見ています。

支払いが苦手な人には、残念ながらお金がめぐりません。

お金は支払ったらそこで終わり。

あとで、あれこれ考えないほうがいいのです。

お金を支払うときは、気持ちよく、「行ってらっしゃい！　活躍してきてね！」と送り出しましょう。

支払うときは
「行ってらっしゃい！」
を口グセに♪

22

お財布に入っている小銭を把握していますか？

「お金は大切」と言う人のなかには、

「まったくそんなふうに見えないなぁ…」

と思うことがあります。

あるとき、お金に困っている社長に質問してみました。

「いま、持っているお札は何枚ありますか？」

「そうね。1万円札が6枚で、5000円札が1枚あって、1000円札が7枚くらいかな」

「では、小銭は？」と尋ねると、

「えっ？　わかりません」と言うのです。わたしが、

「いま、お金は大切だと言いましたよね？」

と突っ込むと、ドキッとした表情に…。

そこでわたしが、「わたしの財布には、500円玉が1枚あって、100円玉が3枚、10円玉が3枚、1円玉は1枚あって、831円ありますよ」と、パッとお財布を開けて見せたら驚かれました。

「だって、お金は大切ですから」とわたしが答えると、

「そんなことを知っている人はほとんどいませんよ」とひと言。

実際、稼いでいる社長に同じ質問をしてみても、誰ひとり答えられませんでした。

「お金は大切だよ」と教えている親や先生でさえ、すべてのお金を把握している人がいなかったのです。

まず、お財布にある金額を1円単位まで知っておきましょう。

これだけでもお金への向き合い方が変わりますよ。

だまされたと思ってやってみてください。

23

感謝と喜びの気持ちでお金を払う

お金の哲学を学ぶことで、感謝する人たちがどんどん増えていくことがわたしの願いです。

そのためには、具体的にどんなことをすればいいでしょうか。

たとえば、買ったばかりの新車をぶつけてしまったとします。

ほとんどの人が「しまった！」と落ち込むのではないでしょうか。

保険を使ったら、次回以降の保険料が高くなってしまいます。

でもわたしは、あえて「喜んでください」と言います。

たしかに予想外の出費にはなりますが、人のために仕事を生んだということでもあるからです。

修理工場には、あなたのおかげで仕事とお金が生まれるわけです。

ですから、「お金が出ていってしまう…」ではなく、**「誰かにチャンスを与えられた」と思って支払いましょう**。こうすると、お金を支払った相手もお金も喜びますし、お金を活躍させることができるのです。

気持ちよく支払うと
お金がめぐるんじゃよ
金
10000

24

税金は感謝の気持ちで支払う

「お世話になった人」と言えば、両親を思い浮かべる人が多いのではないでしょうか。いままで育ててもらったお礼だと思えば、きっと感謝の気持ちを持って、自然にお金を出すこともできるはずです。

これは税金も同様です。

日本という国の上に、わたしたちの生活が成り立っています。これまで生きてきた人々が、いまの日本の基盤をつくり、経済を発展させてきたのです。そう考えると、**税金というものは一番感謝をして払わなければならないお金**ではないかと、わたしは思っています。

「節税しなければ」という考え方もありますが、それよりも「国のために、みんなのために税金を支払う」と考えてみるのはどうでしょうか。

人類みんなきょうだい——そんな気持ちで税金を支払うのです。

税金を払えることは、とても名誉なこと。

政治家や公務員の方たちは日本人の代表ですし、税金はわたしたちの汗と涙の結晶、わたしたちの代表のようなものです。

そんな感謝の気持ちで税金を支払ってみませんか？

**税金を
払えることにも
感謝♪**

25
「お金の居心地がよいかどうか」がお財布選びの基準

あなたはお財布を選ぶとき、どんな基準で選んでいますか？
デザイン、持ちやすさ、素材…いろいろありますね。
では、いつもお財布のなかにいる、**お金や小銭の気持ちになって考えてみたことはあるでしょうか？**
この目線で考えると、選ぶお財布がおのずと変わるはずです。

たとえば、新札とヨレヨレのお札では、どちらがいいでしょうか？
おそらく、ほとんどの人が新札をもらうほうがいいでしょう。
このとき、折りたたむタイプのお財布では、お札が折れてしまいます。
こう考えると、**長財布がいいな**と思うはずです。

お財布にいくら入っているといいのかということも、同時に考えましょう。1万円札が○枚、5000円札が○枚、1000円札が○枚…と理想のお財布をイメージします。いまのあなたが「これだけお財布に入っていたら安心だなぁ。豊かな気持ちになるなぁ」という金額を設定するのです。

このとき、1万円札ばかりにするのではなく、1000円札などもバランスよく入れましょう。1万円札だけでは都合の悪いこともあるからです。

ここまで明確になったら、その金額を持ってお店に行き、お財布選びをするのです。そうすると、お金をいい状態のまま保管でき、出し入れもしやすいお財布を見つけることができるはず。

お財布選びは、自分だけでなく、お金やその先に使う人のことも考えることが大切です。お金だって、居心地のいいお財布にいたいと思いますよね。次にお財布を選ぶときには、ぜひお金目線を取り入れてみてくださいね。

26

お札とお財布は似合うものを使う

お金目線でお財布を選ぶことができたら、次は、お札とお財布が似合うかどうかもチェックしましょう。

ボロボロのお財布に100万円の新札の束は似合うでしょうか?

また、シャネルのお財布を開けたら、1000円札が1枚…というのもバランスがおかしく感じます。これでは、お財布も悲しんでしまうもの…。

こうなると、シャネルのお財布を持っていることがあたりまえではない状態、つまり、お金がどんどん減ってしまう状態になっていくのです。

お金にとっても「身の丈」が大切です。

人間関係と同じで、お金にも居心地があります。

身の丈に合わない場所に置かれると、お金もそこから立ち去りたくなります。

前述したシャネルのお財布のひとりぼっちの1000円札は「わたし、ひとりぼっち…。このお財布にわたしは合わない」とすぐに出ていってしまうでしょう。

お財布に入っているお札の枚数に見合ったお財布を選びましょう。

そうすることで、もっとお金が喜んでくれますよ。

**お金にとっての
心地よさも
大切にしたいのう**

27

お札と小銭は分けて保管する

あなたはお財布のお札と小銭は一緒に入れていますか？

それとも別々にしているでしょうか？

おすすめは、お札と小銭を分けて持つことです。

一緒に入れると、お札が凸凹になってしまうので、別々にしたほうがいいのです。

数々の社長のお相手をしている銀座のママが言うには、銀座に10年間通い続けることのできる社長さんたちには、2つの共通点があるそうです。

・会社に神棚があること
・お札と小銭を別のお財布に保管していること

また、お財布は、誰かのために使うお金を入れる場所だと考えましょう。

そう考えると、より丁寧に大切に使おうと思えてきませんか？

結果的にお財布も長持ちし、お金のめぐりもよくなるのでいいことばかりです。

逆に、お財布を雑に扱って、傷つけてボロボロにしてしまう人がいますが、お金の立場からすると、自分の居場所がこんな状態ではすぐにでも出ていきたいという気分になってしまいます。


お財布はお金の居場所。

お札と小銭、それぞれに居場所をつくり、お財布は大切に使いましょう。

28 保険は必要最低限の金額でＯＫ。いまの豊かさを最優先にする

保険は、必要な分だけ加入すればいいものです。

保険のプロからアドバイスを聞いたら、最低限必要だと思われるものを取り入れましょう。あとは、月々の収入からどれくらい保険にあてられるのかも考えて設計します。

いざというときの保険とはいえ、備えばかりにお金を使って毎月自由になるお金がない、というのは悲しいだけ……。ですから、自分や家族のみんなが豊かになる金額はどれくらいなのかを把握しておくことが大切です。

じつは、**大富豪になればなるほど、いい意味で無茶なお金の使い方をしないもの**です。身の丈に合わない高額な保険料を支払うことはありませんし、毎月百貨

店でたくさん買い物をしたり、車にお金をかけたりということもしません。

どちらかというと、みんなでキャンプに行ったり、会社でイベントをするなど、「人」が関係することにお金を使っているイメージがあります。

たとえば、お中元でカニをいただいたとします。

富豪の人は、それを見た瞬間に友人たちに電話をして、集まった人たちでカニ鍋をします。

小金持ちの人は、いただいたものを両親やみんなにシェアして、残った分を自分たちで食べるでしょう。
貧乏な人は、自分たちだけでカニを食べます。

何かいいものを手に入れたら、すぐにシェアするのが豊かさを得るコツ。

そしてシェアのスピードは早ければ早いほどいいのです。

先々の自分たちの心配のためにばかりお金を使うより、大富豪のお金の使い方を真似するところからはじめましょう。

29

キャッシュレスや仮想通貨は「手段」として使う

大切なのは使う人の心持ち

キャッシュレスが導入され、よく「仮想」という言葉が使われますが、どこか仮のものというイメージを持つ人もいるのではないでしょうか。

言葉のイメージから、まるで人生ゲームのように仮の自分をつくり、仮の職業で、仮の通貨を使っているような感覚を持っている人が多い気がします。

でも、本来は世の中をより便利にするために「現金を持たない＝キャッシュレス」という選択をしたにすぎません。つまり、手段のひとつです。

そして、**どういう心持ちで使うかによって、うまく扱えるかどうか決まります。**

キャッシュレスに対しては、いろいろな考え方があります。

キャッシュレス社会だからこそ、新入社員の初任給はあえて現金で渡すという会社があります。

一方、子どものおこづかいを仮想通貨でスマートフォンに入れるという人もいます。

現金とキャッシュレスのどちらが「お金の入るありがたみ」を感じられるでしょうか？　わたしは、スマートフォンでパッと数字が増えただけでは、お金のありがたみを教えることは難しいと考えています。

まずは、お金をいただくことへのありがたみ、感謝の気持ちを持つことが何よりも大切です。そのベースがあるなかで、世の中を便利にするためのツールとして仮想通貨を使いましょう。

「これは人の役に立ついいものだ」という気持ちがあるかどうかは、とても重要なのです。

便利さだけを追求する落とし穴

感謝というベースがないと、便利さだけを追求して痛い目にあうことがあります。仮想通貨やキャッシュレスは、インターネットを通して取引をするため、ハッキングなどをされると、すぐに残高がゼロになることも起こりうるのです。

全財産を仮想通貨にして、もしもハッカーに狙われて1回ですべてを失ってしまったら、あなたはどうしますか…?

「これは便利だから」というだけの発想は怖いことです。

リスクについてもきちんと考えなければいけません。

現在の仮想通貨への投資は、ギャンブルのような感覚で手を出している人が多いので、わたしはタッチしていません。「自分が儲かればいい」という考えよりは、**「多くの人を喜ばせる」という観点で投資がしたい**からです。

そうすることで、感動や喜び、感謝を得られると思うのです。

このような、喜びや感謝がわくところにお金は吸い寄せられてきます。
そして、**お金を吸い寄せているのは「人」**なのです。

たとえば、路上ライブでは、人だかりができると、それまで興味のなかった人まで吸い寄せられてきますね。
すべての原点は、人を喜ばせること。

現金もキャッシュレスも、その手段にすぎません。便利さだけを追求して、大切なものを見失わないようにしたいですね。

1000
10
50
100
5000
500
10000

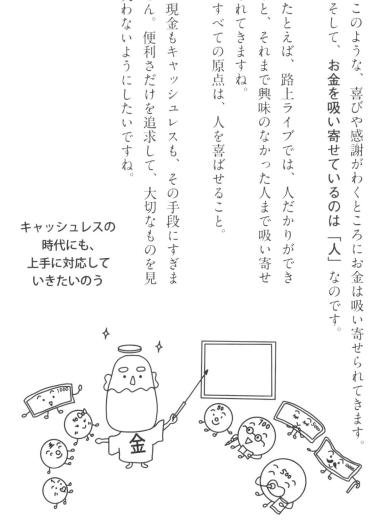

キャッシュレスの
時代にも、
上手に対応して
いきたいのう

30 ギャンブルは自己完結の遊びと心得る

家族をディズニーランドに連れて行って、「なんて無駄なお金の使い方をしたんですか！」と注意する人はいないでしょう。誰もが「家族やみんなを喜ばせるために行ったんだ」ととらえるのではないでしょうか。

一方、ギャンブルはどうでしょうか？

「人を喜ばせたい」という心持ちがあれば、素晴らしいお金の使い方になるはずです。

以前、とても人気のあった「オグリギャップ」という馬がいました。この馬がひたむきに走る姿を見て、自殺を思いとどまった人もいるそうです。ですから、ギャンブルはすべて「悪」とも言いきれません。心からの興奮や感動を味わうという意味では、ディズニーランドも競馬も、同じ経験ができる場所なのでしょう。

問題は、それが自分だけの満足で終わってしまうのかどうかという点です。

テーマパークではみんなで楽しみを共有できますが、ひとりでパチンコ屋に行っても、「勝っても負けても自分が楽しんだからよし」と自己完結してしまいます。

そこが問題なのです。

パチンコに行きたいなら、パチンコで使った額と同じ金額を奥さんに渡して、「これで好きなことをやっておいでよ」と言ってあげてください。自分が好きなことをしたら、相手にも同じように楽しんでもらうのです。

ギャンブルに限らず、スポーツや趣味でも、自分の好きなものを家族と共有できないこともあるときは、お互いに好きなことを楽しめるようにしましょう。

自分本位のお金の使い方をしてしまうから、ギャンブルで身を滅ぼしてしまうのです。**自分のためだけにお金を使うことは、一見贅沢に見えて、じつに貧しいこと**。みんなが豊かになるお金の使い方を考えていきたいですね。

31

現金とクレジットカード、どちらを使えばいいの？

現金もクレジットカードも、どちらも同じ「お金」で、便利なものです。

クレジットカードは、海外では、いざというときのＩＤ代わりにもなります。


どちらの場合も大切なのは、どんな心持ちで使うかということです。

現金とクレジットカードの使い分けにはポイントがあります。


「感謝があふれる」

「豊かな気持ちになる」

「お金を大切に思える」

という気持ちがそろうほうを選ぶとよいでしょう。

たとえば、海外旅行中に、お土産の買い忘れに気づいたときに、現地の通貨をきれいに使ってしまっていたあとなら、クレジットカードが使えると助かりますよね。こんなとき、

「クレジットカードがあってよかった、ありがたいな」

と感じるでしょう。

どんな場面でも、感謝の気持ちで買い物をするよう心がけてみましょう。

現金もクレジットカードも、それぞれが一番活躍できる場面で使うのです。

32

クレジットカードの落とし穴

クレジットカードは便利なツールです。ただ、**うまく使わないと「お金を使っている感覚」を鈍らせてしまう**ものになりかねません。

人間は怖いもので、気持ちが大きくなると、身の丈以上にお金を使ってしまうもの…。こういった人がクレジットカードを持つと、歯止めがききません。毎回支払うことができずに、リボ払いや分割払いにして、支払いが数年続くのです。

たとえば、毎月30万円のお給料で、毎月の支払いが5万円ならば、なんとかできるでしょう。でも、支払いがあれこれ発生して、金額が膨れ上がったらどうでしょうか…。分割があたりまえになると、支払う金額が膨れ上がっていることにすら、気づけない人が大勢います。

この落とし穴の恐ろしさは、支払いが続くことだけではありません。

お金に対するありがたみを感じられなくなることです。

もしも、クレジットカードをうまく使いこなせないのなら、1年くらいは現金払いのみに変えて、お金のありがたみを学ぶことが大切です。

お給料が入ったとたんにたくさん使ってしまう人は、この落とし穴に陥《おちい》る可能性があります。このような人は意外と多く、月末に向かって財布の紐《ひも》が締まっていきます。ギクッとした人もいるのではないでしょうか。

お金に罪はありません。大切なのは使う人の心持ち。

自分のお金の使い方のクセを一度確認してみましょう。

33

キャッシングの恐ろしさは利息よりも、手軽さ

キャッシングを利用したことはあるでしょうか？　一定の審査が通れば、お金を自由に借りることができるシステムで、利息が発生します。

人生で一度や二度、お金に困って誰かからお金を借りることはあるかもしれません。この**お金を借りるという行為も、どんな気持ちで行うかがとても大切**なのです。

たとえば、自分の子どもが小さい頃からコツコツ貯めた貯金があるとします。家計が火の車で、この貯金を使わなければならなくなったとき、親はどんな気持ちになるでしょうか。

心底「ごめんね」と思って借りるはずです。お金を借りるときに、こういった

気持ちがあるのかないのかは、とても大きな違いです。

このように、**人から何かを借りることには痛みをともないます。**

ところが、**キャッシングはその痛みの感覚を味わいにくいのが怖いところ**です。

機械からお金が出てくるので、借りているという感覚が薄くなってしまいます。

そもそもサラ金やキャッシングに手を出してしまう人は、お金の管理能力がない人が多いので、なおさら怖いのです。

人から借りるのであれば、

「もうこんなことはしない生き方をしよう」

と思うはずですが、キャッシングはどうでしょうか…。

人生にはアクシデントはつきもの。

でも、キャッシングがクセになってしまうのは怖いことです。

どんな気持ちでお金を借りるのか、それが命運を分けるのです。

34

ローンは大切な人の人生も巻き込むものと心得る

ローンとは、銀行などの金融機関から必要な資金を借りて支払い、その後月々返済していくというものです。住宅や車、進学など、大きな金額の買い物をするときにはとても便利な制度ですね。

ローンで気をつけなければいけないのは、多重ローンをしないことです。

車なら車、家なら家と決めて、返済が終わるまでは次のローンを組まないこと。車を複数台持っている人や、時計など、趣味で高額なものを集めている人のなかには、多重ローンを組んでいる人がいます。ひとつだけならわかりますが、こういった趣味の買い物は、自分のためだけのお金の使い方になってしまっています。趣味で車をもう1台買いたいのであれば、奥さんの趣味にも車1台分のお金を出しましょう。

それができないのであれば、自分の趣味にだけ使うのはいただけません。

多重ローンがクセになると、支払う金額が膨らむ一方で、感覚が麻痺して借りすぎるという悪習慣がついてしまいます。

お金を借りるという行為は、あなたの大切な誰かを悲しませる行為だと心得ましょう。

自分の親が多重債務者だったとしたら、子どもはどう思うでしょうか。

あなたの結婚相手がお金の管理ができない多重債務者だったり、会社の社長が個人の多重債務者だったら、「怖い」と感じるのではないでしょうか。

ローンは便利なものですが、あなただけの問題ではありません。

本当に必要なものに投資するためにも、ローンを組むときには徹底して見極めましょう。

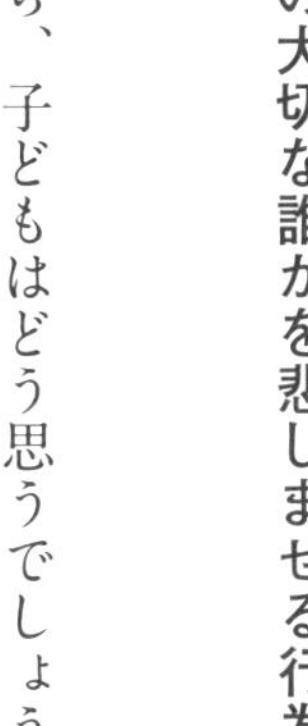

35

チップや心付けは喜びの交換ととらえる

温泉旅館で、仲居さんへ心付けを渡したことはありませんか？

こういったことは、絶対にしなければいけないことではありません。

チップや心付けは、想いを形にあらわす手段です。

たとえば出産祝いのときには、赤ちゃんのグッズやお祝いを包んだりしますね。物を贈ることとお金を包むことは同じことです。「お金」が変化しているものが「品物」だからです。

ある女優さんは、子どもと共演したときには、かならず５００円玉を渡して「これで勉強道具を買いなさい」と伝えるそうです。

その理由は「小学生は勉強するのが仕事なのに、芸能界で仕事している間は勉強ができないから」だと聞き、わたしは素敵だなと思いました。

このように、チップや心付けをスマートにできる人は、お金や人から愛される人です。

では逆に、受け取る側になった場合はどうでしょうか。

これらは、もらうことがあたりまえになってしまうと、運気を下げます。

「もらえたらありがたい」と思える人だけが、本当にいいサービスを提供しているのです。

チップや心付けの習慣は、そもそも「人を育てるもの」。結果がよければお給料が上がり、評価が悪ければお給料も下がる、歩合給と同じです。

チップや心付けは、喜びの交換。

だからこそ、与える人も与えられる人も気持ちよく支払い、気持ちよく受け取るようにしたいですね。

36

こう貯金すると、お金が喜ぶ！

貯金しすぎてまったく使わないこと。

使いすぎてまったく貯金をしないこと。

これらは、どちらもお金にとってはいいものではありません。

貯金はバランス。お金は、活躍してはじめてお金の意味を持つのです。

貯金は、未来のしあわせに対する投資です。

かなえたい夢や目標に対して先払いしていることとも言えます。

「マイホームがほしい」という目標のための貯金なら、お金も喜びます。

ただ、「まず、1000万円貯める」といった目的のないままでは、そのお金に価値が生まれていません。お金たちも「なんのためにわたしたちはここにいるの？」という気持ちになってしまいます。

お金に役割を持たせましょう。そうすれば、とどまり続けることができます。

なんとなく貯めたお金は、なんとなく、なくなっていきます。

使ったことすら覚えていないという人もいます。

もし、貯金をしたまま引き出していないお金があったとしたら、定期的に引き出して使ってあげてください。

その代わりに別のお札で同じ金額の貯金をするのです。こんなふうにして、無理のない範囲で貯金していたお金を使ってあげると、お金も喜びます。

タンス貯金をしているなら、定期的に交換してあげるといいですね。

貯金は未来のしあわせに対する投資です。

「**お金をいつか活躍させる**」。

そんな前提で貯めていきましょう。

column

祖母の教え
「保証人には絶対なるな」

「石村家の男は、人がよすぎるから保証人にだけは絶対になるな」。

これがわたしが常々祖母から言われてきたことです。祖父が亡くなったあと、生前書いていた日記に「〇〇さんが困っていたからお金を貸した」という内容がたくさんあり、その金額をまとめると家が建つどころではないくらいの大きな金額になることがわかりました。

それを知った祖母は、祖父の死後、父にお金を返してもらうため、貸した先の家をまわるように言いました。

父は１軒１軒まわったのですが、「亡くなったお父さまにはお世話になりました。全部は返せないのですが、いまはこれだけ…」などと言われたそうです。

それを聞いた父は、「我が家はいま困っているわけではないのに忍びないから」と、**結局１円ももらわずに帰ってきた**そうです。

祖父や父の、人となりがわかるエピソードです。

Chapter 4

本物のお金持ちがこっそり実践する「お金の増やし方」

37

「１００％の感動」が大きなお金を生む

感動の度合いには、０から１００まであります。

無感動から少し感動、まあまあ感動、いい感じの感動などの度合いがあります。

それでは、しあわせを感じる感動はどれだと思いますか？

それは「むちゃくちゃ感動」です。

１００％の感動を味わったとき、人は心からのしあわせを感じ、気持ちよくお金を支払います。

心のこもった「ありがとう！」を伝えてくれるはずです。

口コミも、「むちゃくちゃ感動した」というときにしたくなるものですよね。

「思わず誰かに伝えたくなるほど心が動いた」ということです。
感動だけが人を引き寄せ、しあわせにできるのです。
お金も、感動が引き寄せます。
ディズニーランドは「ありがとう」と言われる接客をテーマにしています。
アスリートも「感動した！」と言われることに、喜びを感じるのではないでしょうか。
それは、この本を手にとっているあなたも同じはずです。
人を感動させられる人になりましょう。

**いつでも
「感動してもらう」
ことを
ゴールにしよう**

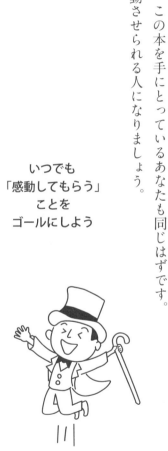

38

人のためになることを追求する人は豊かになる

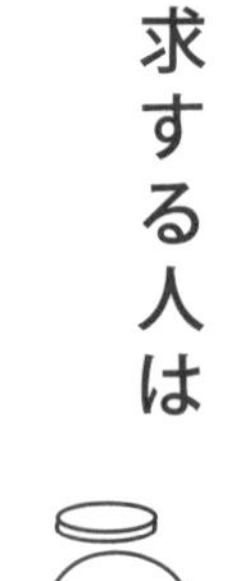

人を大切にしている人のところに、チャンスやお金が寄ってきます。

自分の生活にかかわっているものすべてを大切にしている人が、本当の意味で「人を大切にしている人」です。

たとえば、ペットボトル。これをつくるのにどれほどの時間がかけられているかわかりますか？　どれだけの人たちがかかわっているのでしょう。

つくるところから、世の中で販売されるところにまでに思いを馳《は》せてみます。

ペットボトルに差し込めるストローつきのキャップがあります。

これは発明品で、内部が六角形になっており、完成までに10年かかっているそ

うです。自分でつくれるかといったら難しいですよね。


「これをつくれば、きっと世の中のためになる」

「こういうデザインだったら、みんなが豊かな気持ちになる」

世の中にある人気商品は、こんな「人の想い」を大切にしてつくられています。


人のことを想い、人の役に立つことを考え尽くす。そして行動する。

この心がけが、いい仕事を生みます。


いい仕事をしている人のところには、かならず豊かさがめぐってきます。

お金は、あなたが世の中や会社に生み出した価値でもあります。

「感動」や「ありがとう」の対価です。


あなたが持っている最大限の価値を、まわりに与えることからはじめましょう。

39

見えないところへ思いを馳せる人のところへ
お金はめぐってくる

子どもひとりを大学まで行かせるためには、平均２０００万円かかると言われています。その後、社会に出て社員１万人の会社に入社したとします。

その会社では、毎月いくらのお給料が支払われているでしょうか。

このように考えると、**自分の生活がたくさんの人たちの上に成り立っている**かがわかります。このことに感謝できたときにはじめて、「１円玉を大切にしよう」と思えるのです。

たとえば、あなたが１本１００円のボールペンをつくっているメーカーの社員だとします。自分がつくったボールペンを大切に使っている人を見たとき、とても感動するのではないでしょうか。逆に、自分のつくったものを乱暴に使われていたら、どう思いますか？　悲しくなりますよね。

「どのようにつくられてきたか」というのは見えない部分です。

だからこそ、**見えないところに思いを馳せて、見えない部分を大切にする**のです。

ボールペンをつくった会社の歴史があり、守ってきた人たちがいて、そこに至るまでの過程に思いを馳せる。

そうすると、働くということがどれだけありがたいことなのかがわかります。

お給料をもらうときには、「足りないな」ではなく、「ありがとうございます」の気持ちでいただきましょう。

お給料が少ないのなら、「自分も稼いでやるぞ」という気概を持ちましょう。

役職の高い低いは関係ありません。

一人ひとりがこの気持ちになれば、会社の業績はすぐに上がるはずです。

40

まず愛を注ぐ。そうすればお金がやってくる

愛情を注げば注ぐほど、お金のことは気にならなくなっていくものです。

仕事も、まずは採算度外視でコミットすると、最終的にいいものができあがります。その結果、お金もめぐってくるのです。

時間と手間をかけると、相手に心が届きます。

100万円かけて1日でつくるよりも、10万円かけて1年間こだわってつくるほうが、じつは1000万円くらいの価値を生み出す可能性が高いのです。

「もっとこうしてみたら、お客さまの素晴らしさが伝わるのではないだろうか」

「こうすることで、ご依頼以上のものになるのではないだろうか」

そんなふうに、お客さまに思いを馳せ、工夫をこらしていると、もともとの依頼内容を超えた素晴らしいものができあがっていきます。

取り組んでいるプロセスのすべてを見ているわけではなくとも、つくりあげたものを見て、人はその人が真摯に仕事をした姿勢を感じとるのです。

愛は人に伝わります。

愛を注ぐことからはじめましょう。

豊かさはおのずとついてきます。

愛情と手間が
やがて大きなお金を
生むんじゃな

41

おもてなしのファッションができる人ほど豊かになる

ファッションはおもてなしです。

誰かのために想って、

「今日は暑いから、涼しげな色の服を着てみよう」

「たぶんあの人はこのファッションが好きだろうな」

と考えて準備すると、とても好感を抱かれます。

髪型も同じです。いろいろと試してみると、どんな髪型が好まれるのか、ウケがよくないのかがわかってきます。大切なのは自分に似合っていること。似合っていると、相手の印象もいいのです。

「ファッションは相手のため」と考えると、手にとる色やデザインも変わると思いませんか？　ぜひ、この目線を持ってファッションを楽しんでみてください。

そうすると、バリエーションが増えていきます。

たとえば、黒が好きな人が、華やかなものが好きな人のためにカラフルなストールを身につけてみたとしましょう。このとき「とっても似合うね。素敵だね」と言われたら、新たな発見になります。

自分のことではあまり挑戦しない人も、相手のためを思えば、新しいファッションセンスが磨かれるのではないでしょうか。

こんな小さな積み重ねが、人生を豊かにしてくれます。

ファッションも、豊かさを生み出してくれる素敵なツールです。

ぜひ大切な誰かのために、ファッションを楽しみましょう。

42 お金が増えていく人のファッションとビジネスの考え方

「ファッションは誰かのためにある」という考えは、商売にも通じています。

商売は、人を喜ばせることです。

人が喜んでお金を払うことが、一番キレイで満足のいく、お金のまわり方なのです。

98ページで触れたように、ファッションひとつでも、人が喜んでくれます。

誰かの喜びを、自分の喜び、楽しみに変えていくのです。

仕事が好きで成功し続けている人は、もれなくこの考え方ができています。

たとえ経験がなくても、お客さまが本当に求めているなら「やってみよう！」と行動してみましょう。

もしそれでお客さまが想像以上に喜んでくれたら、きっとあなた自身も大きな喜びを感じられるはずです。

「喜んでいただけるなら、やってみよう」と動き続けることが、仕事がどんどん楽しくなることにつながっていきます。

そうすると、今度はお金をどんどん稼いでいくスパイラルに入り、「ただ楽しい」「ただ好き」という気持ちで仕事に取り組めるようになるでしょう。

気づいた頃には、驚くほど豊かになっているはずです。

ファッションも仕事も、まずは、あなたの目の前にいる誰かを喜ばせましょう。

それが、お金が増えていくための大きな一歩です。

相手を喜ばせると
どんどん豊かになるぞ
金
10000

43 いい値付けは「三方よし」の結果を生む

「こんなに安くて大丈夫なの？」と思うほど安いものを見たことはありませんか？

たとえば、1杯500円のラーメンは、とても安いですよね。

ものやサービスが安く売られると、買う人にとっては助かりますが、売る人たちにとってはどうでしょうか…。

もしそこで働く人たちも納得しているのであれば、問題ありません。

でも、生活を切り詰めて、自分がつらいのにその価格で提供しているとしたら…。これは改良の余地があります。

物価や材料費が上がっているなか、地域の人たちのためにずっとがんばっているお店は、店主と奥さんの二人で切り盛りしているような個人商店が多いのです。どちらかが病気になったら、続けられなくなってしまいます。

500円でサービスを提供していることは素晴らしいことです。

ただ、それだけおいしいラーメンでコストパフォーマンスもいいのなら、ずっと続けられる仕組みに変えられないものでしょうか。

自分や奥さんが万が一病気になっても商売が続けられれば、自分たちだけでなく、地域の人たちもしあわせになれます。そのための値上げととらえれば、申し訳なさもなくなるのではないでしょうか。

たとえば、牛乳はこの30年間で値上がりしています。

でも、文句を言っている人はいるでしょうか？　ほとんどいませんよね。

お客さまも、お店も、業者も、三方よしの値付けがいい値付けです。

かかわる全員が笑顔になる価格設定が、商売存続のコツなのです。

44

無理に値切ろうとする人はいつか値切られる

十分に支払えるお金を持っていても、値切ろうとする人がいます。

このような人は、値引き自体が楽しみになっている傾向があります。

これは、相手のことを考えていない、自分だけが楽しんでいる状態です。

客商売だからといって、売る側も「お金を出せばなんでもいいだろう」と思えるわけではありません。

買う人の対応次第で、提供する人の喜びは大きくも小さくもなるのです。

電化製品のお店で、しぶとく値引き交渉をしている人がいると、「店員さんは大変だな」と同情してしまいます……。お客さまのために、一生懸命対応しようと尽力している店員さんを見るたび、感心します。

あまりにお客さまから値切られるときには、毅然とした態度で接するべきです。**商売は、お客さまも自分も豊かになること**。

正当な利益を得ても、誰からも文句を言われません。値引き交渉されたときに、これ以上は値引けないラインまできたら、プライドを持って対応しましょう。

サービス、おもてなしというのは、そこにかけた時間と情熱、愛情で価値が決まります。10分だけ考えてつくられたサービスと、1年間じっくり考えてつくられたサービスとでは、その中身が圧倒的に違うはずです。

こうした価値をきちんと説明できることが、大切です。

不思議な話かもしれませんが、お金は自分がどのように使われたかを記憶しています。そして「○○さんは、ケチだぞ。正当なお金を払わないぞ」とお金同士が口コミをします。結果、ケチな人は、値切られる経験をすることになるのです。

お金の使い方は因果応報。誰にでも胸を張れるお金の使い方をしましょう。

45
誰かのために時間を使い続ける人が「不労所得」を得られる

不労所得の裏には努力と苦労がある

不労所得と聞くと、「ラクして稼げる」というイメージを持つ人も多いでしょう。音楽がわかりやすい例です。世代を超えて愛される歌手には、その人が亡くなったあとにも印税が入り続けます。これが不労所得です。

こう考えると、すべての人が簡単に不労所得を得られるとは思えませんね。

たとえば、キング・オブ・ポップと言われたマイケル・ジャクソンは、世界中の音楽に革命を起こしました。苦労がなかったかと言えば、そうではありません。プライベートな時間など、まったくない生活をしていたのではないでしょうか。

会社で考えてみましょう。

ロングセラー商品は、不労所得と言えます。

商品が売れ続ける限り、お金が入り続けるということですから、考え方としては音楽の印税と同じものです。

家賃収入も同じです。

そこに住み続けたいと思われるものでなければ、住民は離れてしまうでしょう。

誰かを喜ばせ続ける覚悟を持つ

このように、**不労所得とは「みんなを喜ばせ続ける」という原理原則があって成り立っているもの**と言えます。簡単なことではありません。

多くの人が「それはもらって当然だよね」と納得できるものが、本来の不労所得の形ではないでしょうか。

逆に、「あの人ばっかり」「あの会社ばっかり」と言われるような不労所得は、多くの人が喜んでいないので、やがては自然となくなっていくでしょう。
もしあなたが不労所得を得たいなら、人の悩みとずっと向き合う覚悟を持つことです。

お金をもらい続ける覚悟＝人を喜ばせ続ける覚悟のこと。

愛情を持って、打ち込む決意が不可欠です。

たとえば、東野圭吾さんが小説の印税で権利収入をもらっていることに、文句を言えるでしょうか？　あれだけ多くの人の心を豊かにしてくれる小説を世に出しているのですから、もらって当然だと誰もが納得するでしょう。
それが不労所得です。

誰もが納得できるような理由があれば、きっとうまくいきます。

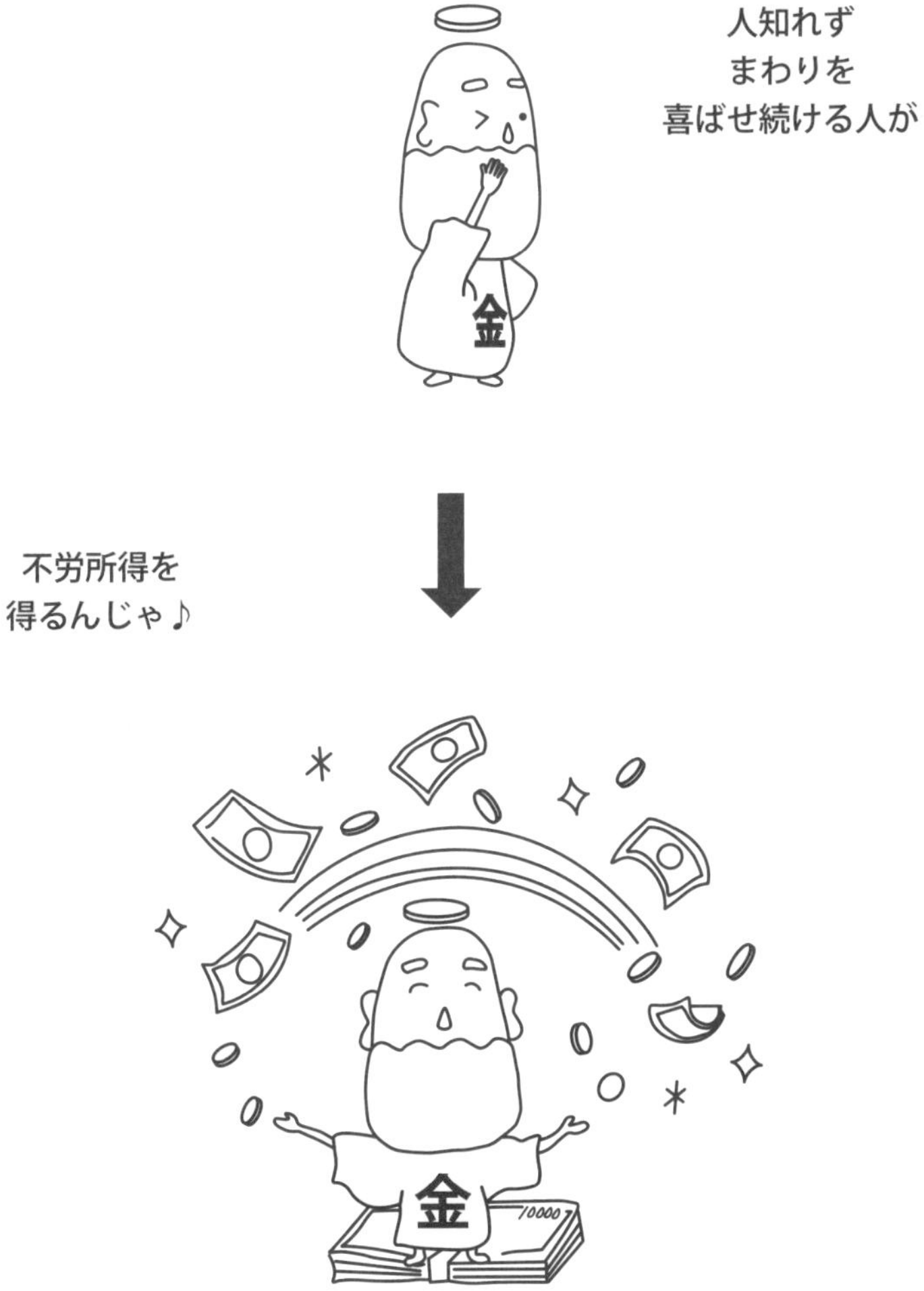
人知れず
まわりを
喜ばせ続ける人が
不労所得を
得るんじゃ♪
金
金
10000

46

節税ありきの経営はうまくいかない

個人の人に「年収がいくらあればあなたはしあわせですか？」と聞いて、「10億円」と答える人はまずいないでしょう。

いまの日本では、年収5000万円あれば、とても豊かに暮らせます。

1億円なくても足りるはずですし、おそらく10億円あっても使いきれないのではないでしょうか？

年収100億円の人がいたとしましょう。

その人は、100億円を自分のためだけに使っていないはずです。

せいぜい自分のためのお金は1億円。

残りの99億円は、ほかの誰かのために使っているでしょう。高所得者の人ほど

「お世話になった人に恩返ししよう」「寄付をしよう」と考えるものなのです。

これは個人間だけでなく、企業と国の関係にもつながります。
節税のことばかり考えている経営者は、資金繰りにゆとりがない証拠です。
経営をしていれば、一時的に資金繰りに悩む時期があるかもしれません。
ところが、節税ありきの経営になってしまうのは、本末転倒です。

本当に社会をよくしようという気持ちがあれば、赤字より黒字が望ましいはず。
そして、余ったお金は気持ちよく税金として納めたり、寄付にまわすものです。
経営者にこのメンタリティがあれば、社員も社会へ貢献するために働いている
というモチベーションを得ることができます。
仕事に対する向き合い方も違ってくるでしょう。

余ったお金は誰かのために循環させる。
これが本物のお金持ちが実践する、お金の扱い方の基本です。

47

投資は「みんなのために」という心持ちで行う

投資には、大きく分けて2種類あります。
ひとつは、自分が使えるお金の一部を人に役立てるためにするもの。
もうひとつは、自分のお金を増やすためだけのものです。
後者の**「自分のためだけの投資」は、誰かの役に立とうという気持ちがゼロですから、最終的にうまくいくことは少ない**でしょう。

いま、クラウドファンディングという資金調達法があります。
これは、自分が共感し、応援したいと思う人やプロジェクトに投資するというものです。

難病で苦しむ人が助かったり、世の中の困りごとが解消したり…と、誰かの役に立つものなら、多くの人が気持ちよくお金を出してくれます。

逆に、「〇〇は儲かるから、お金を出してください」というものなら、クラウドファンディングはうまくいきません。

これは「お金は人のために使うもの」というお金の哲学とは正反対のことをしてしまっているためです。

あなたは、どんな心持ちで投資をしていますか？

金額は関係ありません。

もし**これから投資を考えているのなら、「いずれは誰かのお役に立つ」、ぜひそんな思いで投資をしましょう。**

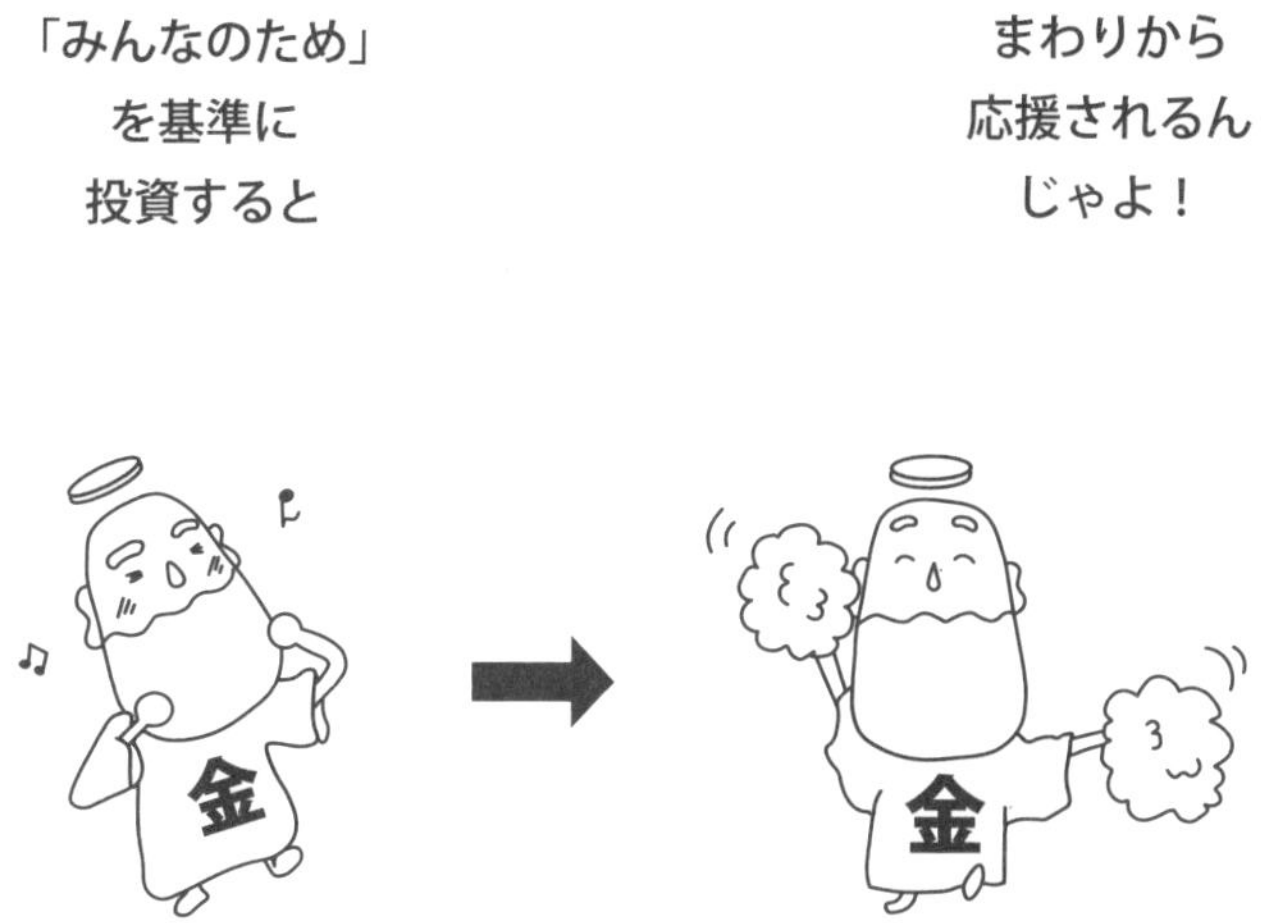
「みんなのため」
を基準に
投資すると
まわりから
応援されるん
じゃよ！
金
金

48

株式投資は、長く応援したいと思える会社かどうかで選ぶ

前ページでは、「人のために投資することが大切」というお話をしました。

ここでは、具体的にどんな投資方法があるのかを紹介していきます。

まず代表的なもののひとつに、株式投資があります。

株式投資は、応援するという気持ちを行動にあらわす練習になります。

株式は、何年もかけてさまざまな角度から会社の状況を判断されたうえで公開されるものです。つまり、株式＝信用の証。

公開に至るまでに積み上げてきた企業の努力は、並大抵のものではありません。

株式を買うときに、一番の判断基準にしてほしいのは、「長期的にこの会社を応援しよう」と思えるかどうかという点です。

自分の子どもや孫の代まで続いてほしい会社かどうか、という目線で会社を見てみてほしいのです。

ホームページや株式情報などで、その会社が何をしようとしているのか、どんなお金の使い方をしているのか、「動き」を知ることができます。四季報や、その会社が紹介されている記事やニュースといったメディア情報も参考になるでしょう。

「応援する」という気持ちで投資すると、株価の上下に一喜一憂せずに、長期的な目で企業を見ることができるはずです。

株式投資は、応援の気持ちを養ってくれる、とてもいい機会になりますよ。

49

不動産投資は地域のため、住民のために行うとうまくいく

不動産も投資のひとつです。

この投資のいいところは、地域のためになることです。

「住む」という行為は、誰にとっても必要不可欠なものです。

つまり、**不動産投資は、人が快適に生活を送り、人生を豊かにするお手伝いすることができる手段**と言えます。

もしあなたが興味を持っているのなら、ぜひ地域に愛されるマンション・アパート経営を考えてみてください。節税対策や土地活用のためではなく、「地域のために行う」という思いがとても重要です。

「土地が余っているから、このままでは税金で持っていかれてしまいますよ」

「固定資産税が高くなるから、もったいないですよ」

「だから売っておきましょう」

といううたい文句で声をかけてくる業者は、かならずいます。


「地域のため」「誰かのために」という発想のないお金の使い方を勧められて、乗っかってしまう人もいるでしょう。

残念ながらそういう人たちは、業者のいいなりになって、結果的に不動産事業で失敗してしまうのです。


「その地域に何が求められているのか」「何をしたら喜ばれるか」をしっかり考えて、手を打っていくこと。これが、不動産投資がうまくいく大原則です。

この観点で投資を行うと、やりがいも生まれます。

おのずと勉強し、それらを誰かに教えられる立場になっていきます。

投資は「豊かさを循環させること」を意識して、行っていきましょう。

50

自分のためだけに行うＦＸや外貨投資はうまくいかない

ＦＸや外貨投資は、一時期、とても人気を得た投資方法です。

ＦＸには、短期で利益を稼ぐという、「自分のためだけの投資」というイメージがあります。ただ、わたしはＦＸを悪だとは思いません。

この世に生きている以上、お金は必要ですし、お金を増やす方法があるというのはいいことです。

もっとも大切なのは、増やしたお金をどう使うかという点です。

ＦＸや外貨投資は利幅が大きいので、それに飛びついた欲深い人たちが失敗してしまうことが多いのでしょう。

投資は、あくまでも手段のひとつ。
投資で増やしたお金を、あなたはなんのために使いますか？
自分だけではなく、周囲の人や社会が豊かになる使い方を想像してみましょう。
そうすると、結果が変わってくるはずです。

よこしまな思いで
はじめると…
痛い目をみるよ…

51 自分を愛することが、一番の自己投資

自己投資はお金を使うことばかりではない

あなたは自分を愛していますか？
自分を愛するということは、じつは一番の自己投資です。
ストレスを感じているとき、美しい景色を眺めたり、おいしいものを食べたりすると気持ちが安らぐのではないでしょうか。

投資と聞くと、お金も時間もたっぷりかけることと思いがちですが、そうではありません。**庭に咲いている花をゆったり見ることも、立派な投資のひとつ。**
身近なもので自分を豊かにしようという気持ちこそ、自分への投資なのです。

心豊かでいることも、自己投資のひとつ

自分自身を豊かにしようという行動は、自分を慈しむこと、自分を愛することにつながります。

「自分はいましあわせだな」という気持ちになっているときは、心の状態がいいときです。逆に、「許せない」という気持ちを持ち続けているときは、いい状態とは言えません。

たとえば、子どもがお手伝いしようとあなたの大切にしているカップを運んでいたとします。「危ないからやめて」と言ったものの、子どもがカップを割ってしまい「だから言ったでしょ！」と怒ってしまう人がいるでしょう。

こう言ってしまう人は、心豊かな状態ではありません。

もしも、心が豊かな状態であれば、子どもの「手伝いたい」という気持ちのほうが、ものが壊れることよりも大切だとわかるはずです。

自己犠牲は人のためならず

生きていれば、いろいろなことがあります。
嫌なこともたくさんありますよね。
自分への投資は、そういったいろいろなことへのごほうびです。
自分を愛していれば、自分を慈しむ時間を持とうと思うものです。

「子どものことが優先で、自分の服はもう何年も買っていない」というおかあさんの話も聞きます。そんな人こそ、年に1回は、新しい服を買ってほしいのです。
子どもが大人になったとき、おかあさんが自分のせいで5年も10年も服を買っていなかったと知ったら、きっと「申し訳ない…」という気持ちになるのではないでしょうか。
自己犠牲は、「こんなにやってあげたのに」という見返りの気持ちも生んでしまいます。こうした上から目線のお金の使い方は、結局のところお金から嫌われてしまうのです。

お金を使いすぎてしまいそうなときは、まわりにシェアをする

一方、**自分にお金を使いすぎるのもよくありません。**

何事もやりすぎは禁物。

栄養価のある食べ物も、一度に5杯も食べたら身体を壊しますし、過度な運動は、身体を痛めます。

自分への投資も、いきすぎるとマイナスの現実を招いてしまうのです。

もし、どうしても「自分へのごほうびをしないと前に進めない。でも最近自己投資しすぎているかも…」という感覚があるときは、まわりの人にもシェアしてあげてください。

たとえばお花を一輪買って帰ろうと思ったら、友人を部屋に招いて「一緒に見

ましょう」とお茶に誘うのです。

自分へのごほうびが、そのままシェアする喜びに変わるような自己投資はおすすめです。

自己投資は自分を愛すること。その喜びを誰かと共有できるようになると、なおいいですね。

自分を愛し、豊かさを共有しよう
自分をもっと好きになりたいのう♫

52

遺産はそもそもないもの。そう思えば争いごとも起きない

遺産は、ご先祖さまや両親がつくったもので、自分が生み出したものではありません。ですから、遺産は「1円入るだけでもありがたいもの」なのです。

遺産相続で揉める人もいますが、それはその人たちが遺産ありきの人生設計をしているから。

争うということは、入ってくるはずの遺産が予定通りにもらえないという危機感があるからです。

遺産は、「もともとなかったものだから」と執着しないことが一番です。

遺産に対する向き合い方は、親に対する向き合い方でもあります。

「自分たちは親の介護で面倒をみてきたから、何もしてこなかった人よりは多く分配してほしい」

という意見もよく聞きます。このとき、

「そうだよね、お世話になったから多めにもらってください」

と言えるのであれば円満に解決します。

一方で、「こんなに面倒をみたのに…」という気持ちではなく、「大切な親の面倒をみさせていただいた」という気持ちを持っていたら、どうでしょうか。

そもそも、遺産で争うこともないはずです。

親と同居していた人は、「そばにいられた分、愛情を注いでもらっていた」という考え方もできます。

金額にばかり目を向けるから、争いごとが起こってしまうのです。

それでも揉める場合は、法律に従って配分するのもいいでしょう。

法律は、人間の秩序を守るためにつくられているもの。

感情的にならず、基準や規律で争いがないよう、円満に解決できるように考えられているからです。

自分たちが残した遺産で子どもたちが争う姿など、親は一番見たくないものではないでしょうか。

遺産相続は最後の親孝行だと思って気持ちよく行いましょう。

column

信頼した後輩がお金を持って失踪

会社を立ち上げたとき、ある人を社長に抜擢したことがありました。心から応援したいと思ったからです。

わたしが副社長になり、起業に必要なお金をすべて出資しました。

ところが、いよいよ起業というタイミングで彼は失踪。

会社以外に、わたし個人の証券も引き出されていました。このとき、まわりの人は、探そうとしてくれましたが、わたしは引き留めました。

「また稼げばいい」と思ったので、彼を追いかけることは一切しませんでした。

彼は、よほど追い込まれていたのでしょう。

本当に大変でしたが、**それをきっかけに自分の経営や人間関係を見直すことになりました**。

いまでは、いい経験だったと思っています。

Chapter 5

世界の富豪たちがやっている「黄金の習慣」

53

お金に好かれる人の口グセ

人生は、どんな言葉を発するかで決まります。
お金に好かれる人は、こんな言葉を日常的に使っています。

「わたしは金運がいい」
「わたしはお金持ちだ」
「お金は使うほどに増えていく」
「お金は循環する」

一方、お金が遠ざかる人はこんな言葉を使いがちです。
「時間がない」

「お金がない」

「お金は使うとなくなる」

このような言葉が口グセになっていたら要注意。お金が逃げていきます。

そしてもうひとつ、注意したいのが「〇〇したい」という言葉づかいです。

これは「ないから、〇〇を手に入れたい」という意味にあたるので、使っているかぎり、いつまでたっても願いがかないません。


ですから、**まだ実現していないことでも「わたしは〇〇できている」「〇〇になった」と現在形や過去形で言う**ことをおすすめします。

また、「事故にはあいたくない」といった言い方もNG。意識が「事故」に向いていることになるので、ネガティブな現実を引き寄せてしまいます。


言葉が変われば、それを現実にするための行動を生みます。

言葉を変えれば行動が変わり、行動が現実を変えます。

ぜひ、いつも発する言葉を、前向きなものに変えてみてくださいね。

54

寄付し続ける人はお金に恵まれる

たとえば、筋力をつけたくても、筋トレを1カ月に1回しかしなかったら意味がありませんよね。筋トレは毎日行うからこそ、効果が出るものです。

1円玉寄付も、毎日しなければ意味がありません。

「働」という漢字は、人のために動くと書きます。

これが経済力の源ではないでしょうか。

人のために動くとは、見返りを求めずに働くということでもあります。

では、見返りを求めないお金の使い方は何だと思いますか？

答えは寄付です。

一度や二度はしたことがあるという人は多いでしょう。

でも、寄付をし続けている人となると、そう多くはありません。

見返りを求めない生き方は、習慣になってはじめて身につくもの。

寄付はそんなあり方を学ぶ、素晴らしいきっかけになります。

1円寄付を毎日すると、本当に1円玉が活躍しはじめます。

コンビニでも、お店でも、募金箱を見つけたらぜひやってみてください。

いつの間にか、毎日が変わってきますよ。

55

何かをいただいたときこそ「倍返し」

地方に暮らしている人ほど、お中元やお歳暮のやりとりが多いのではないでしょうか。

わたしの実家も例外ではなく、「何かをいただいたら、倍にして返す」という習慣がありました。わたしの母は、よく「これは5000円くらいだから、せめて7000円、1万円くらいのものがいいかしら」と口にしていました。

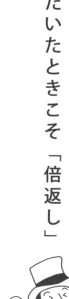

結婚式や出産祝いなど、**いろいろなシーンで金額を聞いていたので、わたし自身、小さい頃から金銭感覚が養われていた**と思います。

もちろん、倍で返すだけの余裕があったからできたことだとも思いますが、そうすることで、さらに大きく返ってきているような印象もありました。

このような、**「ありがとう」のやりとりが続く関係が、本当の人間関係**なのです。

実家が農家だったので、野菜と何かを交換するのはあたりまえでした。

お中元やお歳暮の時期以外も、家にはお菓子や食べ物があふれていて、幼心に「なぜだろう?」と思ったものです。

いただいてはお返しをすることを、母は繰り返していたのです。

「ありがとう」は気持ちよく循環させせましょう。

そうすることで、まわりのみんなが豊かになります。

「ありがとう」の
倍返しは相手も自分も
しあわせにするのぅ

56

友人間のお金の貸し借りは絶対に避ける

お金の貸し借りは自己満足にすぎない

お金を友人に貸すことは、絶対にやめましょう。友人を大切にするならなおさらです。**お金の問題は、人間関係に亀裂を生んでしまう**からです。

もし、友人から「生きるか死ぬかで大変なんだ。お金を貸してほしい」と言われたら、冷静に考えてみましょう。あなたがお金を貸さなかったら、その人は明日本当に死んでしまうのでしょうか？

わたしは、お金を無心して明日死んでしまうという人を見たことがありません。

万が一、友人がお金を借りに来た場合、おそらく一番甘えられるはずの両親や

親戚など、血のつながりのある人のところには足を運んでいないはずです。
銀行などは別として、他人間でお金の貸し借りをしないことが本来のマナーです。
そして、お金を貸すという行為は、お金も喜びません。
あなたの感情にもとづいた、自己満足の行為だからです。
物事は、お金の立場からも見なければいけません。
お金から見たときに、本当にこの人は貸したお金を有意義に使うかを考えます。

もし、ギャンブルで失敗して会社が傾き、離婚寸前で家庭崩壊したという友人がいたとしたら…。お金はこのような人のところに行きたいと思うでしょうか？
万が一、本当に生きるか死ぬかの状況だとしたら、それはもはや貸すではなく「あげる」ということになりますよね。
もし相手があなたを同情させるために懇願しているとしたら、それはだましているのも同然です。
その事実を知ったとき、あなたはその人と友人でいることができるでしょうか。

友人同士でのお金の貸し借りはしない。
これは自分のためであり、相手のためでもあるのです。

貸したお金が返ってくるように貸す

では、すでにお金を貸してしまっている場合には、どうすればいいでしょうか。
ぜひこれからお伝えすることを参考にしてみてください。

「貸したお金は、あげるつもりで貸しなさい」と言われますが、貸したお金がすべて返ってこないわけではありません。たとえば、家や車のローンを組んだら、きちんと返済しているのではないでしょうか。

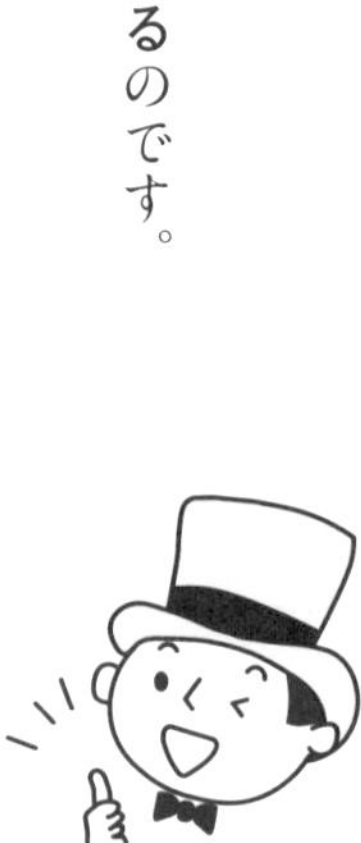

銀行では、「資産や担保がこれだけある」「保証人がいる」といった、返済する能力があるかどうかを見極めてお金を貸しています。
一方、友人同士でのお金の貸し借りには、こういったことはないでしょう。

お金を貸すときは、基準をしっかり設けてからにしましょう。

同時に、「返さなければいけない」ということを、相手にわかってもらいましょう。そうでなければ、相手のためにも、お金のためにもなりません。

もし、お金を借りにきた人に保証人がいないという場合は、「保証人がいないということは、マンションや車は買えないよ」と教えます。お金を借りに来たことよりも、保証人がいないということが問題なのだと知らせてあげなければいけません。わかっていないから、簡単に他人からお金を借りようとするのです。

お金の貸し借りはしないことが理想です。

万が一、貸してほしいという人が現れたら「お金は簡単に借りることができないもの」ということを、はっきり伝えてあげましょう。

57

みんなが使っているものを大切にする

人を大切にするということは、ものやお金を大切にすることです。

自宅では使わない電気は消すのに、出張先のビジネスホテルでは電気をつけっぱなしで外出していませんか？

もし、あなたがそこで働いている人のことを考え、電気を消したり、備え付けの歯ブラシを必要な分だけ使うように心がけていれば、経費を削減することができます。少しでも利益を出せば、そこで働く人のお給料が上がるかもしれません。

あなたの会社と同じことが、そのビジネスホテルでも起きているのです。

ところが、これをできる人はなかなかいません。「損したくない」「使えるものは使ってしまおう」と、自分のことばかりに意識が向いているのです。

会社からいただく経費に対しても、つい「会社のお金だから使ってもいいんだ」ととらえてしまいがちです。出張費が1万円のときに、ホテル代でQUOカード付きプランを申し込んで、そのQUOカードを売っている人もいるそうです……。

もしこれがあなたのお金だとしたらどうでしょう？

できるだけ安く申し込もうという気持ちになるのではないでしょうか。

お金は循環するものです。

それには、人、もの、お金を大切に使うことからはじめましょう。

58

しあわせな富豪たちに共通していること

しあわせな富豪の共通点は、お金の使い方のバランスがいいということです。

自分や家族だけでなく、周囲の人やお世話になっている人、社会のためにお金を使っています。「全部みなさんのおかげ」という気持ちでお金を使っているのです。

「自分もまわりもしあわせ」というお金の使い方の代表例に、寄付があります。

「お金があるから寄付をしているんでしょう?」と思う人もいるかもしれませんが、**お金がない頃から与える気持ちを持っているからこそ、富豪になれる**のです。

ですから、「お金持ちになったら寄付をする」と言っている人は永遠に富豪にはなれないか、なれても一瞬で終わってしまうでしょう。

本物の富豪たちは、お金だけでなく、人も大切にしています。
そして、自分自身も大切にしています。

「誰かのために働く」というときに陥りやすいのが、自己犠牲してしまうこと。
これでは、自分がしあわせではありません。
「自分もしあわせ、みんなもしあわせ」という状態こそ、本来のあるべき姿なのです。

いまお金がなかったとしても、「自分ができる範囲で与える」という行為は誰にでもできます。1円玉募金でもいいですし、大切な人に笑顔で接するということも与えることにつながります。

自分のしあわせも大切にしながら、人に与えることを実践していきましょう。

59

無限大の愛情を発揮する人は、人にもお金にも愛される

言葉と行動が一致している人には、信用や信頼が集まります。

たとえば、恋人が「好きだよ、君が一番だよ」と四六時中伝えてくれても、誕生日をすっかり忘れていたら、あなたはどう思うでしょう。

同じお金を使うとしても、プレゼントを贈ってくれる人と、わざわざ遠距離からサプライズで交通費と宿泊費をかけて会いに来てくれる人、どちらが感動するでしょうか。おそらく多くの人は、後者のほうがうれしいはずです。

本当の愛情表現とは、奥が深いもの。

形だけ「高いものを買えばいい」というわけではないのです。

仕事も同様です。他社を訪問するとき、わたしはかならず夕方の5時頃に出向くようにしています。そうすると、その会社の活気がわかるのです。

「早く帰りたいな…」

「ギリギリまで最高のパフォーマンスをしよう！」

など、職場によって雰囲気はさまざま。そこで働く人の愛情が伝わってきます。

お金をいただいているということに対して、全力で尽くす。

これは働く人にとっての愛情です。

愛から考えると、表現方法に制限はありません。この無制限の愛情を感じたとき、相手は心から「愛されている」と実感するのです。

これが、人間関係を長続きさせるコツです。わたしもまだまだ修行中ではありますが、こんなふうに相手を思えるような言動を心がけています。

60

社長が社員にできる愛情表現とは？

社長から見て、社員が働きすぎていると感じる場合には、改善が必要です。
就業時間や休日を変えるなど、根本的に変えたほうがいいでしょう。

経営者は、人を雇って働いていただいています。
その人たちが働きすぎていると感じるなら、バランスをとる義務があります。

そんなとき、とてもいい方法は、強制的に休みをつくることです。

ちなみに、わたしの会社では、働きすぎを防ぐために、家庭サービスをすることが評価の対象になっています。

「がんばります！」と言って、目の下にクマをつくっている人がいては困るからです。

もちろん、自己管理も大切です。

イチローなどのアスリートをはじめ、一流の人には自己管理能力があります。

自分の身体にいいかどうかを判断できます。

彼らがぶくぶく太るなど、ありえないでしょう。

社長も社員もどちらか一方ががんばるのではなく、お互いがベストを尽くすことが大切です。

それぞれの持ち場でベストを尽くす――。

それが本物の対等の関係なのです。

社長と社員、
お互いが想い合う
関係を
築きたいのぅ

61

相手を大切にするというスタンスが、長期的な成功を生む

世界には多くの教えがあります。
そのなかでも、どんな時代でも通用するものと、そうでないものに分かれます。

どこでも通用するものには、

「相手の立場を考えること」
「相手の話を聴くこと」
「相手を認めること」
「人と信頼関係を築くこと」

などが挙げられます。
これらは努力や感謝なしには続けられません。

自分に必要な人だけを大切にするという考え方もありますが、これは自分だけに気持ちが向いている証です。

一時的にはよくても、長期的な人間関係は築けないでしょう。


これは、仕事にもあてはまります。

「自分が好きなことを大切にする」というのは、非常に危うい考え方です。

自分の好きなことが時代に合っているときはいいのですが、自分の好きなことと、世の中が求めていることが変わった瞬間、間違いなくうまくいかなくなってしまうからです。

「自分の『好き』に偏らず、相手のことを大切にする」というスタンスは、長く続く人間関係、ビジネスの成功、お金のめぐりにつながっていきます。
どんな時代にも変わらない大切なことを、守り続けていきたいですね。

62

親から子に財産は受け継がない

「親から子に財産は受け継がない」

前述したように、これはわたしの祖父から代々受け継がれている教えです。

そう言われた子どもは、「この家は自分のものにはならないから、将来、自分も家を建てられるようにならなきゃ」と考えるでしょう。

こうした教えがあると、「家があるのはあたりまえではない」という考え方がベースに生まれます。すると、**「家だけでなく、親の財産や生活するためのお金があることもあたりまえではない」**ということがわかるのです。

祖父のおかげで、父もわたしも「自分でなんとかするんだ」という覚悟が決まりました。

中学生くらいの頃、父から**「財産は譲らない」「日本では、財産は三代で終わるものだ」**と言われました。そのときに聞いた話によると、日本の財産制度では、税制によって三代受け継いだら財産がなくなるようになっているというのです。

これらの教えは、いまもわたしの記憶に強く残っています。

わたしも、娘が高校生の頃に同じことを伝えました。

娘からは「大丈夫、わたしは働くから。わたしが稼いでハワイ旅行をプレゼントするね」という頼もしい答えが返ってきました。「子は親の背中を見て育つ」と言いますが、いつの間にかわたしの考え方を、くみ取ってくれていたようです。

63

大きな未来を描く人ほど、1円をとても大事にする

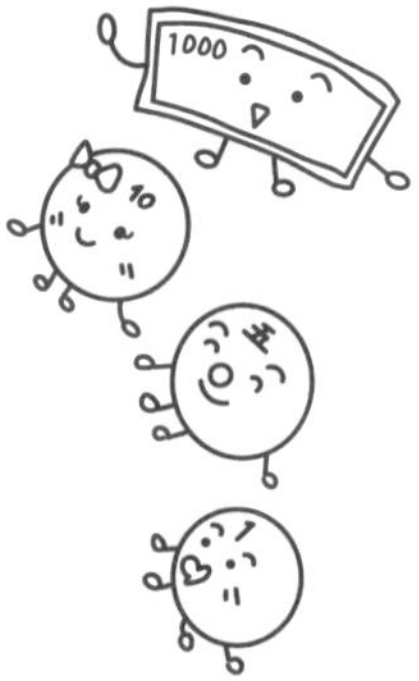

大きな売上を目指す人、世の中の役に立とうと思う人ほど、お金を細かいところまで気にします。経費に関してはとくに細かく、印刷代はいくらかかっているか、郵送代にいくらかかっているか、何十何円単位にまで気をつかいます。

たとえば、500万円の車を購入しに行ったとき、何十何万円という単位で値段交渉するかと思います。

1万円の洋服を買いに行ったとき、5000円安くなったとしたら「5000円も浮いた！」と、とても感動しますよね。

ところが、500万円の車を購入するときに「5000円の値引きをします」と言われたら、喜べますか？

洋服のときほど、うれしいと思わないのではないでしょうか。

これは感覚が麻痺している証拠です。


無意識のうちに、自分の立場から価格を判断しているのです。

お金の立場から考えれば、価格に高いも安いもありません。

「お金が本当に活躍できる舞台を用意しよう」

そんなつもりで、1円1円を大切に使っていきましょう。

64

テイクする100人より、ギブする10人のチームをつくる

ギブアンドテイクという言葉がありますが、100人中ギブする人は何人いるでしょうか。おそらく、1割に満たないでしょう。

でも、この希少なギブできる人材こそが大切です。

とくに会社などの組織では、ギブできる人材を育てることが役割のひとつ。

人を育てることができる人は、自分を成長させることもできます。

テイクする人の根底には、悩みや不安、恐れがあります。

だから意地を張ってばかりいるのです。

ギブの人がひとりでも増えれば、その組織は強くなります。

テイクの人が100人いるチームより、ギブの人が10人いるチームのほうが、きっといい成果を上げるでしょう。それは、同じ志を共有できるからです。

テイクの人は自己都合で動きますが、ギブの人は、相手ありき。

自分以外の誰かの目的のために動くことができます。

会社の理念を実現するために、一生懸命働ける人たちです。


人はちょっとしたきっかけで変われるもの。

誰にでも優しさや思いやりといったギブの精神はあるのです。

それを表に出しているかどうかが重要です。

もし、あなたが「もっと変わりたいな」と思うなら、大きなギブができる人と出会うこと。自然界と同様、人もエネルギーが強いほうが勝つので、圧倒的な存在に出会うと素直になれるものです。


遠慮せずにどんどんギブしていきましょう。

それこそが、本物のお金持ちへの大きな近道です。

65

稼げるいいチームワークは、感謝の気持ちで育つ

アメリカでバーの店長をしていた頃の話です。

わたしはスタッフのマネジメントをしており、働くスタッフ全員の夢や目標、希望の年収を聞いていました。

目標の収入を得られると、「誰かのために使おう」と、優しくなるからです。

このとき、「いまここにいられるのは、あなたのためにお金を使い続けてくれたご両親のおかげだから、ここで稼いだら、まずは親孝行してくださいね」と伝えていました。

お金を稼ぐベクトルが自分だけに向いている人のところには、決してお金はめ

ぐりません。

両親や家族、まわりの人のために働くことができる人のもとへ、お金は集まってきます。

このことを、わたしはスタッフ全員に教えていました。

どうやって目標の売上を上げるかよりも、「なんのために働くのか」「なんのためのお金なのか」のベクトルを合わせることのほうが大切です。

お金に対する感謝という方向性を合わせられれば、強いチームになる土壌ができます。そのうえで、お互いを認め合い、尊敬し、感謝するという循環をつくっていくのです。

結果的にバーは、とてつもない売上を上げました。

お金に対する考え方は、仕事に対するあり方でもあります。

お金も人も、活躍させましょう。

おわりに　お金の神様はあなたの心のなかにいる♪

本書を最後までお読みいただき、ありがとうございました。
お金の神様との時間をお楽しみいただけましたか？

お金の神様は、人が大好きです。

一番好きなのは、人のしあわせを考えられる人です。


お金を正しく学ぶこと＝人を深く知ること。

お金を得ることと、人と豊かな関係を築くことは、セットでもあるのです。

「人にやさしくする」「困っている人がいたら助ける」「ものを大切に扱う」

小さな子どもでも実践できるようなあたりまえのことをあたりまえに行うこと。

これこそがお金に愛される近道なのです。


本書の執筆にあたっては、さまざまな方の力をお借りしました。

今回、出版の機会をいただいた、かざひの文庫代表の磐﨑文彰さん。

出版のプロデュース・編集・制作を担当していただいたサイラスコンサルティング代表の星野友絵さん、遠藤庸子さん。お二人との縁をつなげていただいたラボック代表の平田啓さん。わたしが登壇するお金の哲学の講座に多大なるサポートを務め続けてくれた、E・F・E代表の千葉卓弥さん。

そして、お金の哲学を最初に教えてくれた祖父母や両親。大切な家族。

これまで出会ってきたすべての方々と読者であるあなたに、心から感謝します。


お金の神様は、あなたの心のなかに住んでいます。

この本が、あなた本来の豊かさをよみがえらせるきっかけになりますように！

２０２０年11月　石村一成

石村一成（いしむら・かずなり）

株式会社セルネット代表取締役。医志塾塾長。

1967年、熊本生まれ。祖父の代から、農業に加えて不動産業を開始し、一代で大きな財を成した。父親も農業のほか、独自に不動産業やゴルフ講師として事業を確立。自身も「子孫に財産は残さない。自分で稼ぐ力をつけること」という石村家の教えを実践すべく、高校入学と同時にアルバイトを掛け持ちする日々を送る。

高校卒業後に渡米。ロサンゼルスのメリーマウントカレッジに入学し、卒業後、現地で日本人初となるレンタルCD店をオープン。その後、輸入販売業やクラブのマネジメント業など、さまざまな職を経験する。アメリカでは数多くの富豪に出会い、そのスケールの大きさに驚嘆。以来、本格的にお金の研究をはじめることを決意。

1992年に帰国し、複数のビジネスにかかわった後、30歳で独立。投資業、コンサルティング業、製造販売業、フランチャイズ業など、あらゆる事業を展開。同時に多種多様な投資で数々の失敗と成功を繰り返すが、祖父や富豪たちの教えを実践してV字回復を遂げる。近年は「お金の哲学」を教える講座に定期的に登壇。毎回満席になるほどの好評を博している。

お金《かね》の神様《かみさま》がこっそり教《おし》えてくれた
お金《かね》の教科書《きょうかしょ》
著者　石村一成《いしむらかずなり》

2020年11月1日　初版発行

発行者　磐﨑文彰
発行所　株式会社かざひの文庫
〒110-0002　東京都台東区上野桜木2-16-21
電話／FAX 03(6322)3231
e-mail:company@kazahinobunko.com　http://www.kazahinobunko.com
発売元　太陽出版
〒113-0033　東京都文京区本郷4-1-14
電話 03(3814)0471　FAX 03(3814)2366
e-mail:info@taiyoshuppan.net　http://www.taiyoshuppan.net
印刷・製本　モリモト印刷
企画・構成・編集　星野友絵（silas consulting）
装丁　重原 隆
イラスト　遠藤庸子、髙橋里深（silas consulting）
DTP　KM-Factory

ISBN978-4-86723-014-5